Goldenes Jubelpaar Gertrud und Bernard Walbaum

Vergiät't nie:

Ick sägg et ju
un bliew dorbie,
dat aolle Platt,
is ewig nie!

Rektor Bernhard Hegemann
(1891–1974)
(entnommen dem sehr schönen Gedichtband „Düt und Dat."
Herausgeber: Steinfurter Heimatbund).

Plattdütsk

Die Eltern haben Platt gesprochen;
Wir haben längst damit gebrochen.
Denn wenn man etwas Bildung hat,
Blamiert man sich so – mit dem Platt.

Mensk, blameer de Ellern nich,
Dat vördeint se würklich nich.
Beide Spraoken müert't bestaohn,
Kinneen daovon draw unnergaohn.

Kann's met mi gäene plattdütsk schnacken,
Diene Bildung geiht daobi nich sacken.
Well twee Spraoken spriäken kann,
Is kien'n Dööskopp, gleiw dat man!

(von Josef Löchte, New Jersey, USA)

Bernard Walbaum / Opa un sien Bennätzken

De billigen Fiärken

De Küötter Reckers de gong to't bichten. Et was dütmaol nich licht. He har bi'n Naober ut'n Schwienestall twee Fiärken klaut, weil de Sort so guet füör de Tucht was.

Äs he dat bicht har, dao sagg em de Pastor: „Dat geiht nicht Reckers, de Fiärken müet ih em wier trügge brängen. Se könnt se jä bi'n Naober so stillkes wier in'n Stall setten oder ih müet't se betahlen un em dat Geld toschicken."

„Wat mot ick dann wull betahlen?", frogg de Küötter.

"Ja füfftig Mark de müet ih em wull schicken", sagg de Pastor.

Daomet was Reckers wull invörstaohen, he wull dat Geld auk faots afschicken.

In de naichste Bicht dao sagg he denn Pastor, dat he sienen Naober dat Geld füör de Fiärken toschickt har, obber nich füfftig, sonnern hunnert Mark.

„Waorüm dat dann, ick har juh doch säggt, dat ih füfftig Mark betahlen sollen", sagg de Pastor.

„Ja dat stimmt wull, Häer Pastor", sag de Küötter, „ich häw mi obber nao twee Fiärken naohalt, weil se so billig wassen."

(von Bernhard Walbaum jr. Münster-Coerde)

„Probleme sind Geliägenheiten to bewiesen, wat man kann."

De nie'e Fernsehapperat

Hueskempers Fennand besoch sienen Naober. De har jüst 'n nie'en Fernsehapperat kriegen, so een'n met Farwbeller.

Fennand de frogg: „Nu sägg äs Anton, wu büs du dann met dat Ding tofriäer?"

„Och Fennand", sag Anton, „ick beliärw nu jeden Aobend twee Stunn'n, de sind so schön, dat kann's di gar nich vüörstellen."

„Wuso Anton, sitzt du dann jeden Aobend twee Stunn'n lang vüör denn Kasten?" frogg Fennand.

„Ick nich", sag Anton, „ober miene Frau."

* *
*

An'ne Ampel dao wochte 'nen Blinden. 'Ne öllere Frau, de bi em stonn, de namm sienen Arm, un tosamm'm gongen se üöwer de Straot. Äs se guet up de annere Straotensiet ankuemmen wassen, dao sagg de Frau: „Ick dank juh hiärtlick, ick bin boll ganz blind."

„Stell dienen Mann bloß Fraogen, de he auk beantworten kann."

De leiwe Ehe

„Pappa", sagg Fränzken, „wat mäcks du egentlick met de fiefhunnert Mark, de du dao afftälls?" „De giew ick up de Bank, daomet se sicher sind", sagg de Pappa.

„Wenn obber de Bankbeamte eenes Dags met das Geld vörschwindet? Waorüm giew's du se nich leiwer usse Mamma to' upbewahren?", frogg de Jung.

Dao lache de Pappa un sagg: „Jung, de konn jä genausoguet daomet afhauen."

Stillkes leise sagg Fränzken: „Pappa, was di dat nich fiefhunnert Mark wäet?"

* *
*

Naot't Meddagiätten dao sagg Schmüllings Mamma to iähren Mann: „Albert, wenn du Lust häss, dann draffs du vandag utnahmswies nao't Fußball-Entscheidungsspiell gaohen."

„Ne", sagg Schmüllings Vader so knurrig.

„Ja waorüm dann nich?", frogg de Mamma.

„Weil ick endlick auk äs maol mien'n Willen düörsetten will!"

„Blöss't du denn Funken an, dann flammt he up; spiggs du drupp, dann geiht he ut. Beides kümp ut dienen Mund."

De Schönheits-Operation

Vandage könnt jä öllere Frauen iähr Utseihn wier jünger maken laoten. So har sick auk Frau Lenzmeier in 'ne Schönheitsklinik üöwerhalen laoten.

Äs se behandelt was un de Klinik wier vörlaoten konn, dao sagg de Fachdokter to iähr:

„Guet seiht se nu ut, Frau Lenzmeier, wull üm twintig Jaohr jünger äs vörhiär."

„Dat stimmt wull, Häer Dokter", sagg Frau Lenzmeier, „villicht häbbt se miene Huet doch so'nn birtken to stramm spannt. Wenn ick nu äs miene Augenbrauen etwas hauch treck, dann treckt sick miene Tehn auk nao buom'm."

* *
*

Hülskamps Ewald de geiht nao'n Dokter.

„Na, wu geiht dann?", frogg em de.

„Sowiet ganz guet, bloß dat Aomen, dat Lufthalen, dat meck mi nao Last", sagg Ewald.

„Na, ja", sagg de Dokter, „dann will wi äs seihn, dat wi dat auk nao weggkriegt."

„Met eegene Liäbenserfahrungen kann man annere Lüe bloß selten helpen."

Dat Piärd bucke

In Brochterbierk, dao an'n Teutoburger Wald, dao buckt 'nen Piärd, et wull denn Wagen nich denn Biärg heruptrecken.

Dao röpp de Fohrmann so'nn Brochterbierker Mann to sick un sagg: „Sin se wull so guet un gaoht niäm'm dat Piärd hiär denn Biärg herup?" De Mann deih dat un dat Piärd trock denn Wagen nu in eenen Zugg denn Biärg herup.

Dao frogg de Brochterbierker denn Fohrmann: „Wu kümp denn dat, dat de Gaul denn Wagen nu denn Biärg aohne to stoppen heruptreckt?"

„Ja", sagg de Fohrmann, „dat Piärd was fröher up't Land un dao wass't ümmer niäm'm Ossen inspannt."

* *
*

In'n Hiemmel

Brockmeiers Hubert kümp in'n Hiemel. He is dao ganz vörgnögt un deshalb lacht he dao auk soviell.

„Brockmeier", sagg Petrus, „hier bi uss müet ih ernster bliewen, waorüm lach' ih dann soviell?"

„Ach Petrus", sagg Hubert, „kiekt se doch maol herunner, bi us in't Krankenhues dao operert mi ümmer nao drei Dokters, un ick bin al' ne ganze Stunn daut."

„Et is schade, dat de Mensk nich bi sick sölvst to Gast sien kann; he konn sick dann endlick kennenläern."

Dat Schneeschüppen

Wienkers Hannchen de reip fröhmuorns iähre Schwiegermoder an un sagg: „Bi us häw't üöwer Nacht düftig schniet, wull 'ne teihn cm dicke Laog ligg bi us. De Garage un auk denn Weg an usse Hues vörbi mot frieschöfelt wäeden."

„O Guott", sagg de Schwiegermoder, „jüst gistern häw ick nao 'ne Warnung liäsen, dat 55 % alle Hiärtanfälle in'n Winter von't Schneeschüppen kuemt. Un dann häw ick auk nao de Pien in'n Rüggen wiägen miene kaputte Bandschiew. Lao de schwaore Arbeit leiwe mienen Suohn, denn gueten Harald maken, de kann jä wull een'n Dagg in Hues bliewen un äs nich nao de Arbeit gaohen."

„Ach", sagg dao Schwiegerdochter Hannchen, „ick bin al antrocken un wull jüst herutgoahen un de Arbeit maken."

„Ja dann", sagg de Schwigermoder, „treck di obber warm an."

(von Gudrun Gavglitz/Golberg, Staten Island USA)

„De aolle Duorpschult de häw so viell Geld, äs de Fuorsk Haor häw."

„Ne Frau de lügg egentlick nich. Se söch un find' bloß de Waohrheit, de se jüst bruken kann."

De Priäg

Drielings Buer de föhere sunndags met siene Frau un Kinner nao de Fröhmiß. Öhm Hännerich de blew dann in Hues, fohere dat Veeh un gong dann nao't Hochamt.

Up'n Trüggwegg von de Kiärk sagg Drielings Moder to iähre Familg: „Mi dücht, de Priäg was vandag nich so guet äs süss wull."

De jüngste Dochter, de Anni, de har seihn, wat iähre Moder up'm Opferteller daohen har un nu sagg se: „Ja, Mamma, wat kannst du vandage füör füfftig Penning al vörlangen?"

* *
*

Een Busfahrer un'n Pastor starwen to glieker Tiet. De Busfahrer kam in'n Hiemmel, de Pastor in de Höll.

„Wu kann dat dann?" frogg de Pastor denn Petrus.

„Wenn du priägt häss, dann sind se alle inschlaopen", sagg Petrus, „obber wenn de Busfahrer an't Stüer satt, dann häbt se alle biärt."

„Man mot ümmer dat Beste huopen – dat Schlechte kümp von sölwst!"

Dat leiwe Rüerken

De lütken Rüerkes de häbt faken biätter äs manch' lütk Kindken. Wat wäed nich al füör so'nn Rüerken daon.

In Bad Wörishofen dao was vüör twintig Jaohr so'nn öller Frauken in Kur. Se har iähren lütken, griesen Pudel bi sick. Daomet dat Dierken ümmer scharmant utsaog, föhere se daomet alle twee Wiärk von Wörishofen nao München to so'nn ganz bekannten Rüen-Frisör. Dao wuor iähr Pfiffiken dann fien makt.

„Das kostet mich dann mit Fahrt und allem Drum und Dran 80 Mark, aber dann kann sich mein Pfiffi auch überall sehen lassen", sag se to mi.

Dao satt auk äs so'nne Frau in'n Zugg nao Mönster un har iähr lütkke Rüerken up'm Schaut. Se streek dat Dierken ümmerto un gaw em auk henn un wier 'nen Köksken of' nen Stücksken Schokolade.

Giegenüöwer satt'n jungen Mann, de dat Rüerken bewünnere. Un dann sagg he to de Frau: „Met dat Rüerken deih ick gäen tusken, dat häw't doch guet."

Dao lache de Frau un sagg: „Dat gleiw ick nich, denn ick sinn de jüst met up'n Wegg nao'n Dokter, ick will't kastre'en laoten, weil et us alle Dage wegglöpp."

„Laot de anneren herutfinn'en, we du büs. Se miärkt et sick dann biätter."

Dat Huesholtsbook

Goldkamps Anna de gaw viell to viell Geld füör'n Huesholt ut, so sagg iähr Mann Franz. „Nu wick et doch äs upschriewen, wat ick in'n Monat so utgiew, dann kann's seihn Franz, wao dat Geld bliww."

Anna föhere so'nn Huesholtsbook. Natürlick schrew se jeden Monat de glieken Utgawen an, so äs füor Miete, Strom, Watergeld, Gemös, Fleesk un so wieder.

In ganz bestimmten Afstännen schrew se dann Geld an füör G.w.w. . Äs Franz siene Anna dann äs frogg, wat de Bookstawen G.w.w. bedüten sollen, dao wull se iärst nich daomet herut. Schließlick sagg se obber doch, dat dat 'nen ganz wichtigen Geldposten was. Se bruke dat Geld ümmer an'n Monatsend, dao moß se de Innahmen un Utgawen met utglieken.

De Bookstawen G.w.w. de bedüten nicks anneres äs „Guott weet waofüör."

„Et kümp nich daorup an, wat füör'n Mensk usse Vader was, sonnern, wu wi em in Erinnerung häbt."

„Met de Vörleiwtheit is dat jüst äs met'n Schnum'm, man mot se iähren Laup laoten."

Dat lütke Fränzken

Fränzken, ut so'nn Buerndüörpken, was nao'n lütk Kärlken. He was nao män'n paar Wiärk inne School. Eenes Daggs sagg he to sienen Lährer: „Ick mot eenmaol nao't Hüesken."

De Lährer frogg em: „Kannst du dat dann alleen maken?" „O ja, dat kann ick wull", sagg he ganz stolt un dann gong he af nao't Hüesken.

Nao kuorte Tiet kam he wier trügge in de Klass, total nat, von unn'n büs buom'm.

„Wu is dat dann müeglick", frogg em de Lährer. „Büss du doch nich daomet ferrig wuorden?"

Dao green dat lütke Fränzken un sagg: „Bi mi is alls guet gaohen, obber dao kam de Häer Rektor harin un de häw mi üöwerseihn!"

(von Inge Bagdy-Homann, Grimsky/Ontario, Kanada)

„Ja wenn wi twee nich wassen", sagg de Flauh to de Luus, „ja dann harren de Lüe nicks to't Kratzen."

„Wenn de Dummheit 'ne Sünd was, dann kam'm viell Lüe in de Höll."

De nie'e Krawatt

Biärgmeiers Tonius de kreeg von siene Frau to'n Geburtsdag twee Krawatten. De wassen schön. Tonius de freie sick daorüöwer un trock auk faots eene daovon an. Dann sette he sick an'n Fröhstückdissk.

Dao keek em siene Frau met so'nn schraoden Huesfrauenblick an un sagg: „De annere geföllt di wull nich, wa?"

* *
*

De Dokter mok nao de Unnersöekung von Möllers Bäind so'nn besuorgt Gesicht. Dann sagg he niäbenan to Bäinds Frau: „Dat Gesicht von juhen Mann dat geföllt mi gar nich."

Daorup sagg de Frau: „Ja mi egentlick auk nich, obber wat soll man maken – he is so guet to de Kinner."

„De gesellschaftlicke Unnerhollung besteiht to Hälft ut Dingen, de man sägg, obber nich denkt; un to de annern Hälft ut Dingen, de man denkt, obber nich sägg."

„Man is arm, wenn man sick nicks of –
alls kaupen kann."

De Wallfahrt

Stockdieks Pappa un Mamma de gongen alle Jaohr met de Wallfahrt. Dat was bi viell Mönsterländer eenfak Tradition. Natürlick to Foot, un düör Büssk un Sandwiäg was dat wull'n Opfer.

Wenn't dann nairig was, dann gong af un to een up de Siet ächter de Hierg. Auk Stockdieks Anna gong äs kuort vörschwinnen. Denn Anschluß an de Prossion kreeg se wull wier.

Äs se denn Anchluß wier kriegen har, dao keek iähre Naoberske iähr an un konn sick daobi dat Lachen jüst nao verkniepen. Auk iähr Mann, denn Willm, lachede, doch Stockdieks Mamma wuss nich, waorüm. Se frogg düt un dat, et gong üm iähr, dat miärke se wull. Schließlick sagg Willm iähr se Ursak von dat stillfiene Glaonken.

„Ja, Anna", sagg he, „Du häs in de Iele ächter de Hierg eene Etage to vull upknöpt, Dien Achterbeld dat süht gar nich so schön ut."

„Du abscheilicke Kärl", sagg Anna, „konnst Du mi dat nich faots säggen."

„Nee", sagg Willm, „ick kenn doch Dien Gelübde nich."

(von Frau Dorothee Goihl, Herne 2)

„Wao alle datsölwe denkt, dao wett nich viell dacht!"

De twee Dokters

In eene Stadt in't Mönsterland dao maoken twee junge Dokters iähre Praxis löss. Beide kannten sick guet, se wassen tosammen up de hauge School wesst un harren auk tosammen studeert.

Dao frogg denn eenen, denn Dr. Steffens, eenes Dags sienen Kollegen Dr. Meierhoff: „Nu sägg äs, Hubert, dat du so'nn grauten Kunnenkreis häss un ick so'nn kleinen häw, dat vörstaoh ick gar nich. Ick bin doch nao wieder utbild't wuorn äs du, un ick häw jä auk nao'n biätter Examen makt äs du."

Dao grinse de alltiet drocke Dr. Maierhoff so'nn birtken un sagg: „Ja Franz, dat is ganz enfak klaor to maken. To di kuemt de ganz klouken Lüe, un to mi de anneren, dao is dat kien Wunner, dat ick de miästen Kunn'n häw."

* *
*

„Denn Wenninghoffs August de benimmp sick doch alltiet so richtig beleidigend", sagg Naotrups Franz.

„Üöwer denn Blödmann bruks du di doch gar nich uptoregen, wat de is, dat büs du doch al lang", sagg siene Frau.

„Düör Naosicht häw man oft Naokieken."

De Scheidung

Klaowekamps Martin un siene Frau Anna de wullen sick scheiden laoten. Met de beiden harmoneere dat nich mähr so richtig, villicht wassen se al to lang bineen.

Äs de Termin vüör't Scheidungsgericht was und Martin und Anna vüör denn Richter stonnen, dao frogg de Richter de Frau:

„Sie, Frau Klaverkamp, sind doch schon fünfundsechzig Jahre alt, und Sie wollen sich jetzt noch scheiden lassen?"

Und dann frogg he denn Mann: „Und Sie Herr Klaverkamp sind noch älter, schon zweiundsiebzig Jahre alt und wollen sich auch scheiden lassen?"

Boll gliektietig saggen de aollen Lüe dann: „Ja, Häer Richter, wi sind uns al siet längere Tiet ennig, wi willt usse lesten Liäbensjaohre in Ruh un Friär vörbrängen."

* *
*

Dao troffen sick twee öllere Tanten äs wier. „Wu geiht di't dann, Tresken?" frögg de eene.

„Mi geiht't al guet", sagg de annere, „sietdem mien'n Dokter daut is, feihlt mi egentlick nicks mähr, de mot miene Krankheit wull met in't Graw nuorm hämmen."

„Hiärm sien Muul is froh, dat et Nacht is."

Dat Vörtell-Stündken

Frau Otten kreeg Besöek. Frau Meier kam, de beiden harren sick alltiet viell to vörtellen.

Meiers Hiärm satt daobi still in de Eck. Nao längere Tiet gong Frau Meier wier wegg. Frau Otten brach se büs an de Huesdör.

Äs se dann wier in'n Stuoben kam, dao sagg se to iähren Mann: „Kick maol Hiärm, so een Vörtell-Stündken dat bruk ick, dat is miene beste Erholung. Vörhiär dao har ick so'nne wahne Koppien, de sind nu wegg."

„Ne", sagg Hiärm, „wegg sind de nich, de häw ick nu."

* *
*

„Stimmt dat", frogg Willem, „dat et in de Sowjetunion alle Jaohr veer Kaonernten giw?"

„Ja dat stimmt", sagg Hinneck, „de eene kümp ut Rußland, eene kümp ut Ungarn, eene ut Kanada un eene ut Amerika."

„Wi häbt us al recht guet daoran gewüehnt, us met denn Vörstand annere Lüe to begnögen."

„Well tellt un mett, wat he süpp un frett, de wäed selten fett."

De Zeitungsannonce

De Handelsvertreter Banklammert de gong nao de Zeitung. He wull 'ne Hieraotsannonce upgiewen, daomet, wenn sick mähere melden sollen, he 'ne guete Utwahl har. Sien'n Frönd har em daorup bracht, de har auk üöwer de Zeitung de richtige Frau kriegen.

Dat Freilein, dat em bedenne, frogg em: „Haben Sie ein Kärtchen zur Hand, auf dem der Text, Ihr Name und Ihre Anschrift stehen?"

„Jawohl, bitte hier ist alles", sagg Banklammert.

Dat Freilein nam de Kart an, stoppe se in iähr Handtässken und sagg: „Danke, Sie hören von mir!"

* *
*

Truta in Teligt

Artmanns Truta, 'ne öllere Frau ut't Mönsterland de mouk 'ne Wallfahrt nao de Moderguotts in Teligt. Se wull äs biärn, dat se boll 'nen Enkelkindken kreeg.

Enige Tiet later dao was se bi iähre Süster Anna to Besöek. De wuß daovon, dat Truta in Teligt wesst was.

„Wu was dat dann met diene Wallfahrt nao Teligt," frogg se, „häw ju de Moderguotts holpen?"

„Jaaa, holpen häw se us wull", sagg Truta, „obber se häw sick doch wahne vördaon, nich usse vörhieraote Dochter Hedwig häw'n Kind kriegen, ne usse Liesbett, de jä nao gar nich vörhieraot't is."

De Diätkost

De Buer Wallhues ut Giewenbierk de gong eenes Dags nao'n Dokter un leih sick unnersöeken, weil he so dick was.

Nao de Unnersöekung dao sagg de Dokter: „Ja Wallhues, se sind würklich viell to dick, se müet't gehörig afniemen." He stelle dann so'nn Diätplan up, dao soll de Buer nao liäwen. Dann soll he nao drei Wiärk äs wierkuemmen.

Nao drei Wiärk wuor de Buer wie unnersocht. He moß sick up de Waog stellen. De Dokter stelle fast, dat de Buer in de drei Wiärk fief Pund tounuorm har. Dann sagg he: „Wu is dat dann bloß müeglick?"

„Ja", sagg de Buer, „dat kann ick auk nich vörstaohen, ick häw doch alle Dage nao jede Maohltiet dat Diät giätten."

* *
*

„Wat is egentlich 'nen Virus?", frogg Osthues Anton sienen Naober.

„Ja-ja-ja", sagg de Naober, „dat is de Afküörtung, de de Dokters brukt füör:
„Ick wee't nich so recht wat't is."

„Äs de Üörgel, so de Ton,
äs der Vader, so de Suohn;
äs de Moder, so de Döchter –
bloß'n ganz klein birtken schlechter."

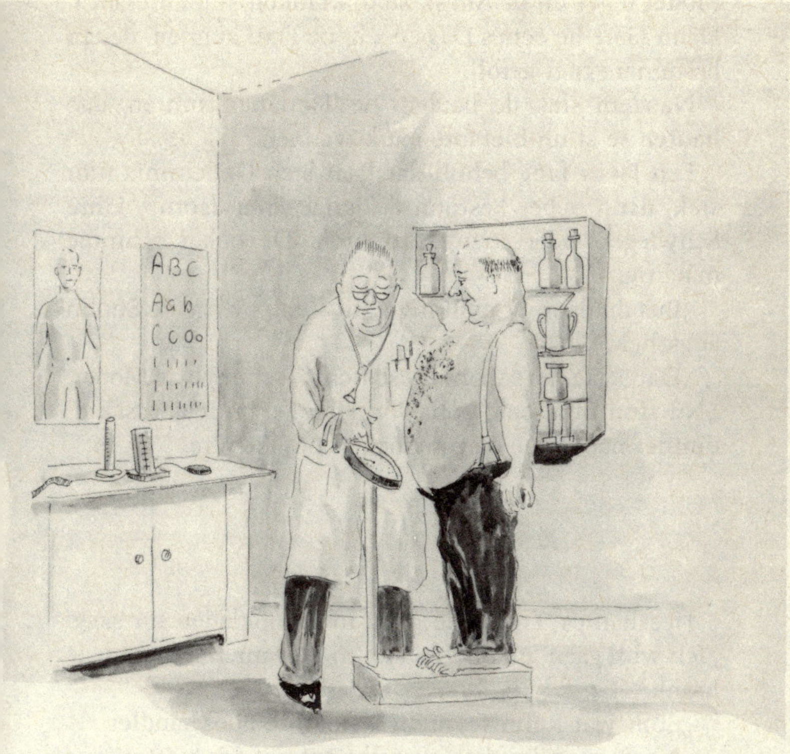
ABC
Aab

De laate Hochtiet

Dingelkamps Hubert har vettig Jaohr lang bi siene Moder liäwt un ut Angst, se to kränken, nich hieraot't. Dann läere he eenes Dags doch 'ne Frau kennen, de em besonners guet gefoll.

Naodem sick de beiden 'ne Tietlang kannten, dao hauten se af un hieraoten auk wanners.

Een Jaohr lang beholl dat Paar sien Geheimnis füör sick, dann obber bestonn de junge Frau daorup, iähre Schwiegermoder to unnerrichten. De obber schimpe mächtig.

„Büs du daomet nich invörstaohen?", frogg de Suohn ängstlick.

„Dat is jäh 'ne schöne Geschicht", schimpe de Moder. „Nu sinn ih al een Jaohr vörhieraot't, un ick wassk di ümmer nao diene ösigen Söcken un Hiem'm!"

* *
*

Hesskamps Trudis de gong in'n Bookladen un sagg: „Ick wull gäen 'nen Book häm'm füör mien Mann, de is krank."

„Sollt wat Relliöses sien?", frogg de Bookhändler.

„Nee", sagg Trudis, „et geiht em al wier biätter."

De aolle Daugenicks

Tückers Franz, so'nn aollen Daugenicks, de lagg in't Stiäwen. He har Angst, nu de Quittung füör sien lichtsinnige Liäben to kriegen. Jaohrelang har he sick in de Wirtschaften herümdriewen un was ächter de Frauen hiärwesst. Met so'nn schlecht Gewietten gong he auk in'n Daut.

Doch wat wünnere sick Franz, äs he an de Hiemmelspaot so guet empfangen wuor.

„Mein ih würklich mi?", frogg he Petrus, „ih müet't ju sicher vördaon!"

„Ne, ne", sagg Petrus, „hier wäed nich Book föhert; du büs us willkuem' äs jedermann."

Dann saog Franz in eene annere Eck viell Mensken bineenstaohen. Alle paar Minuten fongen de an to schreien un tratten sick daobi giegensietig in'n Ächtern.

„Wat is dann met de löss?", frogg de aolle Daugenicks denn Petrus.

„Ach, de", sagg Petrus, „de häbt auk dacht, wi föherten üöwer alls Book."

„De Mensk häw sien Liäwen guet vörbracht, well viell Mensken Freide bracht!"

„Wenn de Ehe guet funktionert, dann giw't nicks up de Wiält, wat se ersetten kann."

De Butten

Frau Dokter Borchardt de koff bi denn Schlächter Huesmann een Pund Suppenfleesk un vörlange auk nao'n paar Büttkes füör iähren Fiffi.

Huesmanns August de was jüst sölwst in'n Laden. He wiäge dat Suppenfleesk af un leggde dann nao so'nn Haipken Butten up't Papier.

Dao sagg de Frau Dokter: „Also ich bin das gewohnt, daß die Knochen für meinen Fiffi kleingeschlagen werden."

Dao dreihe sick August so'nn birtken üm un sagg to sienen Suohn Hinnick: „Häst höert, schlao iäm'm Frau Dokter de Butten kaputt."

* *
*

Hiärm sagg to sienen Naober: „Albert, wat mäcks du doch'n bedröwt Gesicht, is die 'ne Lus üöwer de Liäwer laupen?"

„Ne", sagg Albert, „dat nich, obber dat Finanzamt üöwer miene Breeftassk."

„Muorgenstund häw Gold in'n Mund, obber ganz natürlick pundwies Blie in de Kunt."

„Spar nich so viell un giw auk nich so viell ut."

De Appelklauer

De Buer Kramer de mouk aobends laat nao'n Rundgang düör siene Obstwiesk. Dao saog he 'n Jungen in'n Appelbaum sitten.

„Na wocht män, Bürschken!", reip he em to, „dat sall ick dienen Vader säggen!"

De Jung keek nao buo'm un sagg: „Pappa, dao unnen dao is een, de will met die küern."

* *
*

Bellmanns Franz de sagg to sien'n Bekannten: „Du Karl, du häss also de Trudis hieraot't, de ümmer so viell lacht häw, üm iähre schönen Tiähn to wiesen."

„Na, ja", sagg Karl, „lachen döt se vandag bloß nao wennig, obber iähre Tiähn de wiss se mi faken mähr, äs mi dat leiw is."

„Säggs du, wat du denkst, dann riäk nich daomet, dat du bloß dat to höern kriggs, wat di geföllt."

„Et giw eene Sort von Mensken, de man üm so leiwer häw, je wider se wegg wuohnt."

315
POLIZEI

Een waohr Vörtellken

In't Kiärspel Bülk dao wuohne 'nen Buer, de konn boll alle handwiärklichen Arbeiten sölwst maken. In siene Wiärkstiär dao har he viell Wiärktüg, daorunner auk 'nen guet Schweißgerät.

Dao reip em äs 'nen Buer ut Bülk an un sagg: „Du Hiärm, kuem doch äs mit dien Schweißgerät nao us, wi häbt an de Maschin wat kaputt, dat mot schweißt wäeden."

An'n naichsten Dagg pock Hiärm nao Fieraobend sien Schweißgerät up de Schuffkaor un föhere daomett löss. De Arbeit was eentiets maket, un dann kam de Pull up'n Dissk. De beiden Buern vörtellten un drunken büs in de Nacht herin.

„Nu mok obber gaohen", sagg Hiärm, dann trock he met siene Schuffkaor wier aff. Äs he an de Luft kam, dao wuor'd em wanners ganz wunnerlick in'n Kopp. So'nn Tietken later, dao kreeg he auk so schwaore Been, siene Untertanen wullen nich mähr metmaken.

Hiärm föhere siene Kaor up de Landstraot so'nn birtken an de Siet, sette sick drup un schleip in.

Wut't dann oft so is, dao kamm'm Pollzeiwagen an em vörbi, un de beiden Pollzisten saogen de Kaor mit denn Buer dao staohen. Se steegen ut, keeken sick dat Wiärk an un vörsochten, Hiärm to wecken. Dat klappe nich, Hiärm kreeg alls wull met, obber he gong up nicks in, he was gespannt, wat se wull met em mouken.

„Was machen wir bloß", sagg een von de Pollzisten, „wir können das Gefährt hier doch nicht stehenlassen, es ist nicht beleuchtet und in der Dunkelheit könnte es angefahren werden."

Dann stoppten se de Schuffkaor un das Schweißgerät ächten in iähren Wagen. Un dann harren se met Hiärm iähre leiwe Last, dat se'n in iähr Auto kreegen.

Un dann gong't af met de Fundsaak nao de Pollzeistation. Äs se'nen Tietken föhert wassen, dao wuor Hiärm wier lebendig. De eene Pollzist frogg em: „Wissen sie denn, wo sie wohnen?"

„Ja sicher weet ick, wao ick wuohn", sagg Hiärm. „Ja wo ist das denn?", frogg de Pollzist wieder. „Ick wuohn dao", sagg Hiärm, „wao ih mi iäm'm upladen häbbt."

Janns up'm aollen Dagg

Gellermanns Johann kam up'm aollen Dagg von'n Stammdisk nao Hues un lache al män to. Siene Frau Maria de frogg em: „Wat häs du dann Janns? Waorüm lachst du dann so?"

Janns, de könn füör lutter Lachen kaum küern.

„Häerlick was de Witz, de de Förster us vörtellt häw", sagg Janns.

„Ja dann vörtell'ne doch äs", sagg Maria.

Janns de lache un schüttele met sienen Kopp un dann sagg he: „Denn weet ick nich mähr, obber guet was he!"

„Manchmaol is et guet, denn Mund to hollen, wenn man sick Gehöer vörschaffen will."

De Twillinge

Wenners Anni, so'nn nett jung Wichtken, kam in't Krankenhues up de Entbindungs-Station.

Nao so'nn Tietken sagg de Hebamm: „So, dat eene dat häbb wi, nu kümp dat twätte dran, dann häbb wi dat Twillingspäärken bineen."

„Um Guottswillen", sagg Anni dao, „is dat von Hubert dann auk al dao?"

* *
*

'Ne junge Moder kam von'n Frisör nao Hues met ganz kuorte Löckskes up'm Kopp.
Dao frogg se iähre Kinner: „Wu gefall ick juh so, wu seih ick ut?"

Dao sagg de kleine Henny: „Jüst äs'n Igel met Locken."

„De Frauen hieraot't, weil se dat ewige Alleensien leed sind, un se laot sick faken scheiden, weil se dat ewige Alleensien leed sind."

„'Ne glückliche Familg dat is'n Vüörgeschmack von'n Hiemmel."

De Schliägerie

Lindhues Kal un sienen Frönd Franz de mouken äs een'n drupp. Se stonn'n in iähre Stammkneip an de Thek un kippten een Glas Beer nao't annere herunner. Schließlick harren se iähr Kanöelken ziemlick vull.

Et dure dann nich mär lang, dao wassen de beiden ganz vörscheidene Meinung, un ut de Tächerie dao wuor 'ne Klopperie. Dat gong so dull rund, dat Karl sienen Frönd 'nen Aug utschlogg. Dao was de Klopperei faots an'n End.

Nao 'n halw Jaohr dao troffen sick de beiden wier in de Stammkneip. Dao kam de Utsöhnung.

Dao sagg Franz: „Karl, dat vörgiew ick di, dat du mi daomaols een Aug' uthaut häs, obber wenn du mi dat annere Aug' auk utschlöss, dann kiek ick di nich mähr an."

* *
*

„Miene Fröndin de häw al mährere Hieraots-Annoncen upgiewen", sagg Agenes, „de Erfolg was gliek Null."

„De häw obber doch 'nen Mann kriegen", sagg Hedwig.

„Ja, ja, dat is jä de Null", was de Antwort.

„Schwierigkeiten makt denn Mensken nich kaputt, se fuorm't em."

De dicke Kropp

Raosenbrinks Wienold, so'nn ölleren Mann, de sitt in'n Zugg nao Mönster. De Mann de häw 'nen unnürsel dicken Kropp. Giegenüöwer von em dao sitt'n Schooljung, de ümmer män up denn dicken Kropp keek, äs wenn't 'nen Wunnerwiärk was. De Jung konn enfak nich weggkieken, sowat ha he nao nich äher seihn.

Dat was Raosenbrinks Opa doch to bunt, et störe em. „Wenn du nich faots weggkicks, dann friät ick di up", sagg he to denn Jungen.

De Jung grinse so'nn birtken un sagg: „Dao häw ick obber gar kinne Angst, du häss ja denn annern nao nich äs herunner."

* *
*

De Chef kam in't Büro un frogg siene Sekretärin: „Gaw't al wichtige Anrope?" „Ja-a-", sagg de Sekretärin, „de wassen obber al füör mi."

„Een Frönd dat is een, de an miene Düör kloppt, wenn mi alle Wiält vörlaoten häw."

Wöer sind hilge Dinge. Se sind äs Handgranaten. Well unachtsam daomet ümgeiht, de mot daomet riäken, dat se licht explodeert!"

Tönnemanns Janns
('ne waohre Geschicht)

In'n Düörpken in't Mönsterland dao starw hauch in de achtziger Jaohr Tönnemanns Janns. Flietig un spaorsam was he alltiet wesst, süss obber was he 'nen grauten Twiärsdriewer.

Siene Frau lagg al iärtlicke Jaohr up Kösters Kämpken. Se har met iähren Mann 'nen unruhig Liäben hat. Driewen un up de Palm gaohen, dat konn Janns am besten. Met siene Naobers was he auk nich ümmer in't rechte Loot.

Janns blew twiärs, büs an sien End. Wenn auk de miästen Lüe in't Bärre stiäwt, Janns starw kuort un guet up't Hüsken.

Een Vörwandter von em föhere to siene Beerdigung. Weil he fröhtietig was, gong he iärst in't Liekenhüesken, üm Janns äs nao to bekieken. Ganz alleen stonn he an'n Sark. Äs he so'nn Tietken füör Janns Siälenruh biät har, dao ducht em wull, dat de aolle Janns 'nen gueten un friedlicken Indruck mouk. Dann obber dacht he auk, dat Janns nu endlick tamm was, un dat usse leiwe Häer se doch allbineen tamm krigg.

Dao kam so'nn ölleren Mann heran in'n schwatten Anzug un sticke twee Käesen an, de an'n Sark stonn'n. De Vörwandte kenne denn Mann nich, he sagg em obber up platt: „De aolle Tönnemann de süht egentlick wull ganz friedlick ut."

„Jawull", sagg de Mann, „datt stimmt, he häw obber in sien ganze Liäben nich so fromm utkieken, äs nu in'n Sark."

Fröher un vandage

Wenn fröher 'nen jungen Mann 'n Brütken funn'n har, dann saggen em siene Aöllern, of dat wull 'ne Frau füör em füört't Liäben was. De Aöllern harren miästens all viell beliäwt un se konnen de jungen Lüe guete Raotschliäg giewen.

Dat häw sick siet längere Tiet gründlick ännert, deshalb holt de Ehen vandage faken nich mähr so lang.

Bäckers Anni de frogg äs iöhre Moder: „Mamma, wat dücht di so von mienen nie'en Frönd Erwin?, he is würklick guet to mi, he vörtellt so schön, un he küert mi auk alle Dage met so schöne Namen an äs Mausi, Häschen un nao annere."

„Dat is nicks Nie's", sagg de Moder, „dat gaw't fröher auk. Nao de Hochtiet ännert sick dat boll, dann wäed de Dierkes ümmer grötter, dann hät dat, du dumme Gaus, du aolle Aap, du aolle Kaohdier oder Kamel."

„Dat Glück häng nich daovon af, wuviell wi häbt, sonnern wuviell Freid wi daoran häbt."

„In viell Familgen bedütt Christentum vandag bloß nao, dat man to de Bessmoder un to de Katt freindlick is."

An' n Rhien

Senioren von'n Kolpingverein ut't Mönsterland de mouken 'ne Busfahrt nao Köln. Se besochen iärst dat Graw von Adolf Kolping un sungen dao auk dat aolle Kolpingsleed. Dann gongen se in'n Dom un bewünnerten dat graute un kunstvuelle Bauwiärk. Un dann kam füör alle Senioren 'ne Meddagspaos von twee Stunnen. In düsse Tiet konn jeder maken, wat he wull.

Dao sagg Fennand to August: „laot us beide män äs up de Rhienbrügg gaohen, wi könnt us dao von buowen denn Vörkähr up'm Rhien bekieken."

Äs se dao so'nn Tietken stonnen un nao unnen up denn Rhien keeken, dao foll Fennand de Brill von de Nies in'n Rhien. „Dat mi dat passeeren moß, aohne Brill kann ick nich viell seihn", sagg Fennand.

„Ja dat is schlimm genog", sagg August.

„Ja-ja, August, dat har'k nich glowt, dat mi nao maol 'ne Brill in de Donau foll", sagg Fennand

„Du Fennand, dat is hier obber nich de Donau, dat is de Rhien", sagg August.

„Ja, ja", sagg Fennand, „dao kanns't doch seihn, dat ick aohne Brill nicks seihn kann."

„So gäen wi usse Vörwandten auk häbt, et giw doch Tieten, wao us iähre Afwiesenheit recht guet bekümp."

An'n Stammdissk

Dao satten nao de Gesangstunn nao 'ne ganze Riege Sängers bineen un unerhollen sick. Se kam'm von't Höltken up't Stöcksken.

Äs se dao de Stellung des Mannes in der Gesellschaft belöchten, dao sagg Duismanns Bäind:

„Mi dücht, de Mann de häwt gewiß nich licht up de Wiält. Wenn he gebuoren wett, dann graleert se de Moder. Wen he hieraot't, bewünnert se de Brut. Wenn he dann'n Kind krigg, dann krigg de Frau de Blomen, un wenn he stärw, dann vörjubelt siene Witwe de Pank-sion."

* *
*

„Ick gaoh nu to't Bichten", sagg Ströms Anna to iähren Mann, de Schlächter was un in'n Laden ächter de Thek stonn.

„Sieh obber vüörsichtig Anna", sagg de Mann, „nicks üövert Geschäft säggen, denn de Pastor dat is jä een von usse besten Kunn'nen."

* *
*

De Schomaker Woltering sagg to sienen Naober: „Du Karl, ick krieg in lesste Tiet een'n Drohbreef nao'n annern."

„Dann deih ick obber de Pollzei äs inschalten", sagg Karl.

„Dat kann mi nich helpen", sagg Woltering, „de Breef de kuemt al von't Finanzamt."

Hiärm foll von'n Stohl

In'n Beerlokal dao satten up hauge Hockers an de Thek 'ne Riege Mannslüe, de een'n Kruk Beer nao'n annern drunken.

Up eenmaol dao foll een von de Kunn'n von'n Hocker herunner un bleew an'n Grund liggen. Dao sagg sien Naober:

„Ja, de Hiärm de weet wennigstens, wann he uphollen mot!"

* *
*

„Guet, dat ick di hier treff", sagg Willm, so'nn Veehändler ut Stemmert to'n Buer ut Meiteln. „Du häss mi vüör acht Dag 'ne Koh vörkofft, de har 'nen anklierwt Höen."

Dao lache de Buer un sagg: „Dao kannst äs seihn, wu inbellsk so aolle Küh sien könnt."

„Een egen Hues krigg jeder eenmaol – een von veer Briär, un daoto 'ne Schüpp vuell Hüwelspöün."

„Guete Piär de treckt ruhig an."

De gelungenen Operationen

In Buorghuost dao kreegen Wallmeiers Besöek ut Mönster. De Besöek de deih so'nn birtken wichtig un vörtelle auk, wat se vandage in de Grautstadt al so maken könnt.

„Vüör'n paar Monat", sagg he, „dao häbt se bi us in de Kliniken 'ne ganz graute Operation makt, dao mossen fief Dokters bi helpen, un dat is nao biätter wuorn, äs se iärst dacht häbbt."

„Ja", sagg Wallmeiers Bäind, „hier in usse Krankenhues in Buorghuost dao häbt se nülik 'nen Mann ut Stemmert beide Aohern üm mindestens fief cm trügge sett't, daomett he sien Muul nao wieder uprieten kann."

„De Mensken bekennt sick to Vörraot, Mord, Brandstiftung, fallske Tiähn un nao mähr. Well giw obber to, dat he kinnen Humor häw?"

„Hieraoten dat is allemaol 'nen Lotteriespiell."

„Jede Dagg brängt siene Geschenke met,
du bruks se bloß uttopacken."

Willm bi'n Rechtsanwalt

Frommen Franz, so'nn Schlächter ut't Mönsterland, de gong nao'n Rechtsanwaolt, üm sick 'ne juristiske Utkunft to halen.

„Häer Rechtsanwaolt", sagg he, „wu is dat, wenn'n Rüer in mienen Laden Fleesk klaut, un ick denn Rüenbesitzer kenn, kann ick von denn dann Schadenersatz vörlangen?"

„Ja sicher", sagg de Rechtswaolt.

Dao lache de Schlächter so'nn birtken un sagg: „Ja, Häer Rechtsanwaolt, dann dot se mi män fiefuntwintig Mark, denn daofüör häw juhe Rüer bi us Fleesk klaut."

De Rechtsanwaolt keek denn Franz iärst so'nn birtken spassig an, obber dann gaw he em doch dat Geld.

Äs Franz wier gaohen wull un al an de Düör was, dao reip de Rechtswaolt denn Franz wier trügge un sagg: „Herr Fromme, Sie haben vergessen zu bezahlen, so eine juristische Beratung die kostet fünfzig Mark."

* *
*

„Lied' t Se ümmer unner starken Duorst?", frogg de Dokter denn Rausenkamps Bäind.

„Ne egentlick nich", sagg Bäind, „dao freih ick mi drüöwer!"

De Liberalen

Up so'nn Düörpken in't Mönsterland dao stonn'n se kuort vüör graute Wahlen. Mächtig deihen se inne Wahlvörsammlung diskuteern. Se küert'n von Fortschritt, von Frieheit, Sicherheit, Egendum un so wieder."

Denn Melchers Alwis de gefoll doch gar nich dat Küern von Hüls Franz ut Ollenbiärg.

„Häbb ih dann bi juh in Ollenbiärg gar kinne Liberale?" frogg he denn Franz.

„Liberal", sagg Franz, „dat sinn wi jä a-al, obber wählen, dat dao wi allbineen schwatt!"

* *
*

Alfons un Franz stonnen an de Thek un unnerhollen sick. „Ick gleiw Franz", sagg Alfons, „du häss'n Duppelgänger."

„Wu, süht de dann würklick so ut äs ick?", frogg Franz.

„Ne, dat nich", sagg Alfons, „obber he geiht auk met Diene Brut ut."

„Manche von usse Frauen niehmt de Gewuohnheiten von d e Mannslue an, de se gäen hieraot't harren."

De Utsöhnung

Twee Naoberbuern, Lassken Hiärm un Trendelkamps Anton, de wassen al jaohrelang vörfindet. De annern Naobers de harrend al öfter vörsocht, de beiden Buern to 'ne Utsöhnung to brängen, obber ümmer vörgierwens.

Endlick kam dann doch düör Vörmittlung von Vörwandten 'ne Utsöhnung tüssken de beiden Striethahns tostann, un dat up'm Hilligenaobend.

Äs Wiehnachtsmourn de beiden Buern ut de Kiärk gongen, dao tratt Hiärm an Anton heran un sagg em: „Also wi sind nu wier de aollen, ick wünsk di dat, wat du mi auk wünskst."

„Fängs du al wier an?", sagg Anton.

* *
*

Dao geiht'n frümden Mann üöwern Kiärkhoff un kick sick de Griäwer an. Dann küere he auk met denn Daudengriäwer un frogg em:

„Häbbt Se hier wull viell to duohn?"

„Och, nu in'n Sommer nich", sagg de Daudengriäwer, „dao sind de Dokters viell in Urlaub."

„Biätter in kleinen Dingen graut
äs in grauten Dingen klein."

Die Spinnkopp
(Ne waohre Geschicht)

Bi Vöckings was Besoek, neige Vörwandte wassen kuem. Vöckings Moder har al de ganze Wiärk putzt un wienert, dat't al schön propper waor. Denn de Tante Rosa keek gäen in alle Höek, un dann har se auk 'nen löss Muulwiärk.

Äs se nu in'n stiwen Staot up'm besten Stuowen bi Kaffee un Kooken sitt't, dao süht Vöckings Moder to iähren Schreck, dat buowen an de Dierk, nich wiet von't Fenster, nen Spinnkopp sitt. O Häer dacht se, wenn Tante Rosa denn süht, dann is obber wat löss.

Dat kann nich so bliewen, se stonn up un gong nao'n Hoff, wao iähr Fränzken, so'nn Jungen von twiälw Jaohr, spielle.

„Fränzken", sagg se, „niem doch äs gau denn langen Spinnkoppjäger un gaoh daomet up'm Stuorm un mak äs so ganz aohne Upseihn denn Spinnkopp wegg, de dao buowen an de Dierk bie't Fenster sitt."

Fränzken, gong faots henn. Äs he up'm Stuorm kam, dao sagg he so ganz vördreilick:

„Ümmer un ümmer, wenn wie Besöek häbt, dann mot ick Spinnköpp jagen."

„Ick bin ümmer Optimist, obber so een, de sienen Riägenmantel metnimmp."

De Spazeergang

Rohlmanns August de mouk sunndags met siene Frau 'nen Spazeergang. Äs se so'nn Stündken gaohen wassen, dao gongen se in'ne Wirtschaft, se wullen äs 'nen Schinkenbraut iätten.

Et dure nich lang, dao brach de Kellner denn August wat to't drinken. Dao mouk August siene Anna obber so'nn schraoden Blick, so dat eene Aug' up'm Dissk, dat annere up August.

Un dann frogg se: „Na, August, häs du di wier wat to't Drinken bestellt?" „Ne", sagg August. „Ja wat is dat dann?", frogg Anna. „Dat weet ick nich", sagg August, „dann moß du män denn Kellner fraogen."

„Häer Ober, kuemt se äs maol to mi un säggt se es, wat dat füör'n Getränk is, wat Se mien'n Mann bracht häbt", frogg Anna.

„Dat is wat to't Hände wassken", sagg de Kellner.

„Na sühste Anna", sagg August, „well dumm frögg, de krigg auk 'ne dumme Antwort."

„De Kommunismus de will de ganze Wiält glücklicher maken, obber he frögg de Völker gar nich, of se dat Glück würklich willt."

„Schlichtheit dat is Sinn füör dat Wichtige."

De Aktien

Schulte Dallhoff, 'nen grauten Buer in't Mönsterland, de har sien Lebenlang düftig arbeit't un viell Geld up'm Haupen bracht. Al sien Geld har he in guete Aktien anleggt un dao har he in siene aollen Dag helle Freid dran.

Äs sien lesste Stündken neiger kam, dao stürne de Schult faken: „Ach, wenn ick doch miene Aktien metnierm'm konn in de biättere Wiält."

Dat sagg he auk to de Pastor, äs de em de Sakramente brach. „Ja, Schult Dalhoff", sagg de Pastor, „de Aktien mettonierm'm, dat was 'ne Dummheit, denn de wuorn in de Ewigkeit doch al vörbrannt."

„Et is beduerlick, dat de miästen Mensken met de Tiet bloß öller, obber nich klöker wäed't."

„In usse moderne Wiält dao häw wi bloß de Müeglichkett, met de Masse mettolaupen of von iähr weggtolaupen."

„Acht ümmer schön up diene Gedanken, se könnt sick so jede Tiet in Wöer vörwannerln."

De kranke Buer

Leifkers Hubert de kam de aolle Dagg. Et gong em gar nich mähr guet, he hat'tin'n Buuk un in alle Butten.

„Dann gaoh doch äs nao'n Dokter", sagg siene Frau. Hubert gong löss, he kenne denn aollen Landdokter guet, de har em al faken holpen.

„Na, Leifker, wat häb ih dann", frogg em de Dokter.

„Ach Häer Dokter, mi geiht't gar nich guet, mi kümp de aolle Dagg, ick häw boll üöwerall Pien, in de Arms, in de Been, in'n Rüggen, in'n Hals un auk in'n Buuk."

„Se seiht obber egentlick nao ganz gesund ut, auk in't Gesicht nao recht frischk", sagg de Dokter.

„Ja, Häer Dokter", sagg Hubert, „dat is kien Wunner, denn in't Gesicht dao feihlt mi jä auk nicks."

* *
*

Hiärm frogg sienen Naober: „Sägg äs Hubert, wat hölts du egentlick von de Frauen?"

„Na ja", sagg Hubert, „wat soll ick dao säggen, ick mein, de sind dat Beste, wat't in düsse Art giww."

„Utruhen soll man ümmer dann, wenn man miärkt, dat man kinne Tiet daoto häw."

Dat Haorschnieden

Isermanns Hedwig sagg to iähren Mann, „Du, Heinrich, ick konn auk wull diene Haor schnieden, ick schniet se usse Kinner al so lang un dat wäd ümmer guet. Diene Haor de krieg ick auk wull herunner, un dat krieg ick auk wull ganz guet henn."

Heinrich de mok dat gäen met, denn dao konn he jä Geld sparen.

An'n naichsten Dagg gong dat Haorschnieden löss. Äs Heinrich dat Klappern met de Schäer al so'nn Tietken in de Aohren lagg, dao namm he sick 'ne Illustrerte von'n Dissk, daomet he von de Klapperie etwas aflenkt wuor.

Äs he dann ümbladen wull, dao reip siene Frau: „Holt, Heinrich, ick häw denn Schluß nao nich liäsen."

„Wenn usse Politiker Unnersöekungsutschüss insett't, dann sind de jüst äs Teppichklöpper, de bloß so stark druppschlaot, dat et nich stüww."

„Well viell lacht, de häw in't Aoller siene Follen an de richtige Stiär."

Schallusie'n vüör de Fensters

Gönners Franz de was bi de Suldaoten. He har acht Dage Urlaub kriegen un dao troff he sick an't Wiärkenend met siene aollen Kumpels.

Äs he giegen teihn Uhr aobends ut't Duorp nao Hues gong, dao saog he bi sienen Naober, de fast an de Straot lagg, nao Lecht in'n Stuowen. Franz de blew'n Augenschlagg staohen un saog, dat sien Naober met de Frau in't Bärre steegen.

Sunndags nao't Hochamt dao troff he sienen Naober in de Wirtschaft. Se stonnen bineen an de Thek un drunken 'nen Gläsken Beer. Dao sagg Franz so ganz vüörsichtig to sienen Naober:

„Du Bäind, äs ick gistern aobend giegen teihn Uhr ut't Duorp kam, dao harren ih't Lecht in'n Schlaopstuowen nao an. Ih müert't unbedingt seihn, dat ih Schallusie'en of dicke Gardinen vüör juhe Fensters kriegt. Ick saog nämlick, dat du un diene Frau in't Bärre steegen. Dat is jäh nich so schlimm, wenn ick dat seih, obber wenn dat manchereen süht, de mäck sik dao nao'n Späßken drut."

„Dat häss draommt", sagg de Naober, „dat stimmt nich, ick was jä gistern aobend gar nich in Hues."

„Denn Moot nich vörleisen, auk dann nich, wenn alls scheewgeiht."

Freindlick empfangen

Leppers Rosa dat was 'ne Frau, de alltiet unfreindlick was un viell herümschimpe, dat wuß se obber sölwst wull.

Dao las se in de Zeitung so'nn Artikel, de iähr stark beindrucke. De Frauen kreegen daorin denn Raot, iähren Mann ümmer freindlick un met Lachen to empfangen.

Rosa namm sick fast vüöhr, dat faots to vörsöken. Äs iähr Mann Hiärm an'n naichsten Aobend von de Arbeit nao Hues kam, dao gong se em met straohlende Augen entgiegen.

In'n iärsten Augenblick stonn Hiärm dao äs von'n Donner troffen, dann sacke he ganz benuomen in sienen Sessel. Blass in't Gesicht sagg he: „Üm Guotts Willen, nu is se vörrückt wuorn."

* *
*

Paul kam aobends laat un besuorpen nao Hues.
Siene Frau sagg bloß: „Ick bin spraocklöss!"
„Dat bliew männ", sagg Paul.

„Up de miästen Mensken wirkt'nen Füerwiärk mähr äs Sunn, Maond un Stäen."

De Scheidungsgrund

Schemmanns Hedwig troff iähre Fröndin Liesbeth un frogg: „Sägg äs Liesbeth, ick häw höert, dat ih ju scheiden laoten willt, stimmt dat?"

„Ja", sagg Liesbeth.

„Obber waorüm dat dann?", frogg Hedwig wieder.

„Mien Mann de häw mi beluogen!", sagg Liesbeth.

„Obber dat is doch kien'n Scheidungsgrund, ick mein, wenn dienen Mann auk äs eenmaol lügg, dao bruks di doch nich faots üm scheiden to laoten."

„Nu ja Hedwig", sagg Liesbeth, „he har mi säggt, dat he drei Dag vörreisen wull, ganz üöwerrasskend is he dann obber all in de naichste Nacht wierkuemmen."

* *
*

Von Kettlers Franz, so'nn Buernöhm ut't Mönsterland, de so recht nie in sien Liäben ut'n Hues kuem'm was, dao sagg man:

„Ja de Kettlers Öhm de häw sien Liäwedagg ut eene Schüeddel friäten un up een Hüesken siäten."

„Dat kleine Glück is miästens bestänniger äs dat graute."

Dat gröttste Ürwel

Lindhues August de konnt Supen gar nich laoten. Siene Frau un Kinner mossen al jaohrelang daorunner lieden. Sien Schwaoger Hubert ut Aollenbiärg de har em al öfters säggt, dat he dat Drinken instellen soll, weil he daomet sick un de ganze Familg kaputtmouk.

Dao besoch de Pastor em äs, üm met em alleen 'nen passend Wöertken to küern. He föhere em dat graute Leed vüör Augen, dat de Alkohol boll alle Dag in siene Familg brach.

Un dann sagg he auk:

„Sägg't äs Lindhues, könn ih mi 'nen grötter Ürwel säggen äs de Alkohol?"

„Jawull, Häer Pastor", sagg August, „denn Duorst."

„Veerunhalw Milliarden Menschen liärwt up de Wiält, un doch sind nao so viell eensam."

„Well'n Platz in't Hiärt bi'n annern häw, de is nie alleen."

De kranke Niere

Schwienebrocks Bäind har Last met siene kranken Nieren. Eene Niere harren se em al weggnuorm. Nu was de annere auk al stark angriepen. De Dokter schicke Bäind in't Krankenhues, he moß opereert wäeden.

Weil kinne annere Niere to kriegen was, nam man de Niere von Bäind sienen grauten Bernhardiner Rüer. De Operation klappe guet.

Äs Bäind wier ut't Krankenhues was, dao troff he sienen Naober Wilm. „Na Bäind, wu geiht't di dann so, dat was doch sicher 'ne schwaore Operation?", sagg Wilm.

„Ja, dat wasst wull", sagg Bäind, „obber et geiht doch wier."

„Ja Bäind", sagg Wilm, „wenn't dann wier geiht, dann geih't jä."

„Ne, ick draw nich klagen", mänt Bäind, „dat is jä bloß so, wenn ick män'n klein Baimken seih, dann mot ick al wier."

* *
*

„Wu kuem ick hier am besten in't Museum?", frogg'n frümden Mann in Mönster son'n Straotenarbeiter.

„Ja wenn Se sick utstoppen laot't", kregg he to Antwort.

Up't Standesamt

De aolle Frau Gillemann de gong nao't Standesamt un wull anmelden, dat iähr Mann stuoben was. Äs de Beamte denn Daut in't graute Register indriägen wull, dao frogg he auk, an watt von'ne Krankheit iähr Mann dann stuoben was.

„Dat weet ick nich", sagg Frau Gillemann, „et was em up siene aollen Dage gar nich mähr guet, un dann häw he sick wanners hennlegt un dann is he auk boll stuoben."

„Häbbt se dann kien'n Dokter hat?", frogg de Beamte.

„Ne-e", sagg de Frau, „dat bruke nich to sien, mienen Mann de is so ganz ruhig un von sölwst inschlaopen."

* *
*

Wissings Tresken, de niegenzig Jaohr aolt was, de sagg to Straotenbeimers Janns, de nao fief Jaohr öller was: „Du Janns, de Daut de häw us vörgiätten!"

„Pst", mouk Janns un legge daobi denn Finger an sienen Mund!

„Wenn man achtzig is, dann wäed em jede Glieköllerige to'n Frönd."

De nie'e Direkter

An de Vörrücktenanstalt dao harren se 'nen nie'en Direkter kriegen. He keek sick buten de grauten Anlagen äs an. Een von de Vörrückten de gaw jüst de Blomen Water, he kümmere sick obber nich üm denn nie'en Direkter, de an em vörbi gong.

De hauge Häer wull sick obber wull bekannt maken. Daorüm sagg he: „Wissen Sie, wer ich bin?"

„Ne, waorüm?" sagg de Vörrückte.

„Ich bin Professor Doktor Päffchen, der neue Direktor dieser Anstalt, Mitglied der Akademie der Wissenschaften und Mitglied des Hamburger Senats."

De Vörrückte gütt siene Blomen seelenruhig wieder un sagg daobi: „Ja, ick weet't wull, so häw't bi mi auk anfangen."

* *
*

De Frau Lasthues sagg to iähre Naoberske:

„Mien'n Mann de häw doch 'nen graut Glück hat. Iärst vüörgistern häw he sick giegen Unfall vörsichern laoten un al vandage is he üöwerföhert wuorden."

„Hölp is ümmer biätter äs Kritik."

Dat Wiärkenend

Blomert's Gisbert de gong up Geschäftsreise. Äs he ut'n Hues gong, dao sagg he to siene Frau:

„Du Sophie, wenn ick in Bayern üöwert Wiärkenend nao uphollen wäeden soll, dann schriew ick di rechttietig 'ne Kart."

„Dat bruks nich", sagg Sophie, „de Kart de häw ick in dienen Anzug al funn'en."

* *
*

Eenige Dage nao de Beerdigung von Büsskers Tresken dao gong de Pastor nao de Familg, üm se to trösten.

„Truert nich al to viell, Häer Büssker", sagg he, „wao juhe Frau un Moder nu is, dao is jä alltiet Ruh' un Friär."

„Oh, Häer Pastor", sagg Büsskers Hiärm, „dann hölt miene Frau dat dao nich lange ut."

* *
*

In eene nie'e Gemeinde in Süd-Afrika dao stellt'n schwatten Priäger een'n witten Pastor vüör un sagg daobi: „Liebe Gemeinde, obwohl sein Gesicht weiß ist, ist doch sein Herz so schwarz wie das unsere."

„Bewahr ümmer een paar Andenken an diene Vörgangenheit. Wu wuss du süss eenmaol bewiesen, dat nich alls bloß 'nen Draum was?"

Still in de Leitung

Osterbrinks Moder de röpp iähre vörhieraote Dochter an. „O, Mamma", grinnt de Dochter, „alls geiht hier vandag scheew. Usse Baby häw so Last met de Tiähn, de Twillinge liggt met Feber in'n Bärr un Franz reip jüst an, dat he vandag Üöwerstunden maken mot. Nu sitt ick hier schön fast. Ick kann nich to't Inkaupen föhern, un vanaobend häw wi mähere Lüe to't Iätten inladen."

„Ach Wicht", sagg de Maoder, „bliew män ruhig, ick kuem un help di. Unnerweggs kann ick gliek inkaupen un auk Medizin giegen dat Feber metbrängen. Dien festlicke Aobendiätten is doch nich in Gefaohr, solang ick nao dao bin. Ick lao di nich in'n Stich. Du solls äs seihn, dat Iätten vanaobend wett'n grauten Erfolg. Ick mak dat schon. Dann kannst du di utruhen büs dat de Gäste kuemt un Franz de wäed dann ganz stolt up die sien!"

„Ach, Guott sei Dank, Mamma, dat ick di nao häw, wenn du dat füör mi mäcks, dann bin ick di obber dankbaor. Nu wett alls guet.

Obber Mamma, kanns du dann auk frisske Miälk füör usse Baby Betty metbrängen? Et grinnt al nao sien Püllken."

„Sicher, mien Kind, dat mak ick, doch – – – – – Baby Betty? Dien Baby is doch'n Jung un häw doch denn Namen Friedrich von sienen Opa kriegen."

– – Still in de Leitung – –

„Hallo, Hallo, is dao Frau Franz Bambiäger von de Wallstraot?"

„Ne", kümp et grinend trügge, „hier is Frau Franz Götz von de Blomenstraot."

„Ach du meine Güte, ick dacht al de ganze Tiet, Se wassen miene Dochter, Frau Franz Bambiäger! Entschuldigt Se viellmaols, ick mot mi wull vörwählt hämmen. -------- Hallo, Hallo, sind Se nao dao?"

Still in de Leitung

Dann eene ganz leise Stimm: „Hätt dat, dat Se nu nich mähr kuemt?"

* *
*

De kleine Ludger was fallen un har sick daobi dat Knei upschlaoen. Siene Moder tröstet em un sagg: „De leiwe Guott mäck dat al ganz rassk wier heel."

Dao frogg Ludger ganz ängstlick: „Mott ick dann herup, oder kümp he runner?"

* *
*

In de iärsten Schoolklass, bi de I-Männkes, dao sagg de Lährer to de Kleinen, dat et nich schön is, wenn man sick sölwst luowt. „Daohiär", sagg he, „kam auk dat Sprüeksken ‚Egenluow stinkt!'"

Dao röpp de lütke Markus: „Häer Lährer, de Thomas de häw sick jüst sölwst luowt!"

„Et is nich alls Buotter, wat von de Koh kümp", sagg de Lährer, dao har he inne Kohschiet triänen.

Dat Wiehnachtsleedken

De Gesangverein „Waldeslust" in so'nn lütk Düörpken in't Surland de beschlott up siene Generaolversammlung, alljöhrlick to Wiehnachten von Hues to Hues to gaohen un Wiehnachtsleeder to singen.

Dat Singen gong löss. De Sänger stonnen vüör'n graut Hues met'n deip Dack un sungen iähr lesste Leedken: „Ihr Kinderlein kommet." Se sungend so schön un gemötsvull, äs se't män konnen, un dat Leedken scheen ganz to de Stimmung in't Hues to passen.

Äs se jüst de lessten Tön sungen harren, dao kam de Mann ut't Hues, bedankte sick viellmaols füör de schönen Leeder un sagg: „Biätter harren ih't gar nich treffen konnt, denn jüst bi dat Leed ‚Ihr Kinderlein kommet' is bi us 'nen lütk Jüngsken up de Wiält kummen."

„Kinner häbt de Tugenden, waovon de Grauten bloß nao dreimen könnt."

„Gleiw dienen Mann nich alls, wat he sägg. Sägg em nich alls, wat du wees."

„Ut een Muul dao kann man kaolt un warm blaosen."

„Vörsoek nich gliek, de Wiält to ännern, ännere di iärst äs sölwst."

Häw ick 'nen Krüs

De Frauen, de 'nen Drinker äs Mann häbbt, de sind to beduern, dat priäge vör füfftig Jaohr al 'nen Paoter in de Missionswiärk.

Willmers Sophie de leed auk furchtbaor daorunner, dat iähr Mann sick boll alle Dag bedrunk. Äs he eenes aobends wier knübeldick nao Hues kam, dao schlogg se iähre Hann'n üöwern Kopp bineen un sagg: „Häw ick 'nen Krüs!"

„Un ick häw 'ne Fahn!", sagg iähr Mann, „dann laot us män faots 'ne Prossion maken."

* *
*

Bi Richard, so'nn echten Berliner, dao kam de aolle Dagg. Dao sagg he to siene Frau: „Weeste Olleken, wenn eener von uns beede stirbt, dann ziehe ick nach Potsdam."

„Wu düster manchereen in'n Kopp is, dat miärkt man faken iärst, wenn he sien Licht löchten laoten will."

„Sett't wi us up'm lessten Platz, nicheen wäed sick dann met us strieten."

Dat Telegramm

Wiesmanns Alfons de föhere met de Bahn nao Mönster. He wull nao'ne graute Buernversammlung in'n Schützenhoff. Dao troff he 'ne ganze Rieg fröhere Schoolfrönde, de em toküerten, doch üöwer Nacht in Mönster to bliewen. Se wullen tohaup doch äs een'n schönen Aobend vörliäwen.

Alfons de schicke siene Frau giegen Aobend 'nen Telegramm, dat he iärst an'n naichsten Muorn trüggkuemen konn, weil he denn lessten Zugg vörpasst har.

Äs he an'n annern Muorn in Hues ankam, dao wuor he von siene Frau gar nich so freindlick empfangen.

„Häss du mien Telegramm nich kriegen", frogg he. „Ja wull", sagg se, „obber dat du denn lessten Zugg üm nirgen Uhr verpaßt häss, dat kann jä nich stimmen, denn ick kreeg dien Telegramm al üm acht Uhr."

„Viell Geld maken, dat is hatte Arbeit;
Geld bewahren, dat is'ne gewisse Weisheit;
un Geld richtig utgierwen, dat is 'ne Kunst."

„Man mot sick ümmer Tiet niehm,
dann hät man Tiet genaog."

Anna un dat Finanzamt

Melchers Anna, 'ne aolle, fromme Tante, de kreeg bloß 'ne lütke Rente. Se moß ganz spitz riäken, dat se daomet utkam.

Äs se maol in graute Geldnaut satt, dao schrew se 'nen Breef an'n leiwen Guott, dat he iähr füör eenmaol hunnert Mark schicken soll. Up denn Breef schrew se: „An leiwen Guott in'n Hiemmel." Iähren Afsender schrew se nich drupp.

De Post wuss iärst nich, wao se denn Breef hennschikken soll. Trüggschicken konn se'n jä auk nich, weil de Afsender feihle. Se schicke denn Breef dann an't Finanzamt wieder, weil et sick villicht üm 'ne Geldsaak handeln konn.

Bit't Finanzamt mouken se denn Breef löss, üm denn Afsender fasttostellen. Äs se denn Breef liäsen harren, dao dei de Beamten de arme Tante leed. Se sammelten unner Kollegen Geld füör de Tante un kreegen 70,– Mark bineen. De schickten se dann an de Tante, un de freie sick üöwe dat schöne Geld.

Acht Dage later wull se sick bi'n Häerguott füör dat Geld bedanken. Se schrew wier an'n leiwen Häerguott in'n Hiemmel, un de Breef gong von de Post wier an't Finanzamt. Anna schrew: „Leiwe Guott, mien'n allerbesten Dank füör dat schöne Geld, dat ick neirig bruken moß. Wenn du mi naichstens äs wier Geld schicks, dann schick dat nich üöwert Finanzamt, de Häerens dao dat sind nich de besten Bröers, de häbt mi von de hunnert Mark diärtig Mark an Stüern aftrocken.

De beste Fröndin

„Dat könnt Se mi gleiwen, Frau Westhues", sagg Wiethölters Anni, „de Frau Niehues de häw in allen Deelen kienne Ordnung, un kuoken kann se auk nich. Iähre Kinner häw se alles annere äs guet ertrocken, ja, un iähren würklich gueten Mann de ächtergeiht se, waot't bloß müeglick is."

„Wu könnt se dat säggen, wu wiet't se dat?", frogg Frau Westhues.

„Ganz eenfak", sagg Anni, „ick bin doch siet Jaohren iähre beste Fröndin!"

* *
*

Martin de troff Hiärm un sagg em: „Hiärm, ick häw höert, du häss'n Kind kriegen, ick graleer di! Wu geiht't dann diene Frau?"

„Still Martin", sagg Hiärm, „de weet dat nao gar nich."

* *
*

Eene üöwerbeanspruchte Moder von siem'm Kinner wuor von iähren Jüngsten froggt, weshalb se soviell griese Haor har.

„Weil ih ümmer so unarig sind", sagg de Moder.

„Ach so", sagg dao de lütke Jung, „nu weet ick auk, waorüm usse Oma schneewitte Haor häw."

In'n Frisörladen

Dao gong 'nen Mann in'n Frisörladen un frogg denn Mester, wuviell Kunn'n vüör em dran wassen.

„Sess", was de Antwort. „Danke", sagg de Mann un gong wier herut.

Twee Dage later kam de Mann wier in't Geschäft. He frogg wir, wuviell Kunn'n vandage vüör em wassen.

„Acht", sagg man em.

„Dat ist guet", sagg de Mann un gong wier af.

An'n naichsten Dagg kam de Mann un frogg wier. Dat kam denn Mester doch lück spassig vüör. He sagg to sienen Lährjung:

„Gaoh denn Mann doch äs nao un kiek äs, wao he henngaiht."

De Lährjung gong ächter denn Mann hiär un saog dann auk, wao he bleew. Äs he trüggekam, dao frogg em de Mester:

„Na, Herbert, wao is de Mann dann bliewen?"

„In Iähre Wuohnung, Mester", sagg de Lährjung.

* *
*

„Wenn ick äs stiärw", sagg Nordhoffs Franz, „dann will ick 'nen ganz schlicht Begräbnis häm'men. Wennig Lüe, leise Mussick, kien Liekenkaffee un kiene Superie."

Dao keek siene Frau em giftig an un sagg: „Nu kiek äs an, du gönns mi doch würklick üöwerhaupt kien Vörgnögen!"

Dat Telefon

Up so'nn lütk Düörpken in't Mönsterland dao reip de Pastor jeden Sunndag alle Schoolkinner vüör de Kiärk bineen un dann vörtelle he iähr 'nen schön Geschichtken. Dat was dann so'nne lütke Christenlähr.

Eenmaol brach he äs 'n Telefon-Apparat met, üm de Kinner klaortomaken, wat egentlick Biärn bedütt.

„An't Telefon", so sagg he, „kann man met'n annern Mensken küern, aohne em to seihn – stimmt datt?" De Kinner nickten.

„Na also", sagg de Pastor, „wenn man to'n leiwen Guott biärt, is dat genau so. Man is met emm vörbunn'n, he höert auk to, obwohl wie emm gar nich seiht."

Dao melde sick Bülters Georg un frogg: „Wat füör 'ne Nummer häw he dann, Häer Pastor?"

* *
*

„Ick un mien'n Man wi häbt tosammen een Sparbook", sagg Rohlmanns Hedwig.

„Giw dat dann kien Düörneen?" frogg de Naoberske.

„Nie", sagg Hedwig, „he betahlt alls in, un ick hal dann alls af."

„Et kümp nich up den Pott an, sonnern up dat, wat drin is."

De Sietensprüng

Teltenküörters in Meiteln de kreegen Besöek. Onkel Willem un Tante Maria ut Ochtrup wullen kuem'm. Teltenküötters Moder hat't in Hues un üm't Hues herüm schön propper makt. Auk de Kinner freiten sich al up denn Besöek.

Nu wasst sowiet, se saogen denn Besöek al herankuem'm. De lütke Hedwig leip se al in de Möte un gaw Onkel un Tante 'nen Händken. Un dann sagg et:

„Onkel Willem, spring us gliek doch äs watt vüör, du kann's datt jä so schön!"

„Watt soll ick?", sagg Onkel Willem, he grinse so'nn birtken un Tante Maria de lache daoto.

„Vüörspringen solls du us wat", sagg Hedwig, „denn usse Pappe häw gistern säggt, dat du so af un to ganz schöne Sietensprüng mouks."

* *
*

Leiskamps lütke Heike saog to, äs iähr Opa 'ne Pill innamm. Naodenklick fraogg se: „Opa, wuß du kien Baby mähr hämm'm?"

„Wao Geld is, dao is de Dübel; un wao kien Geld is, dao is he tweemaol."

De kranke Anton

Strothmeiers Anton, so'nn Büerken echten ut'n Brook, de gong't gesundheitlich gar nich guet. He har al wiäkenlang de bekannten Tees drunken, obber holpen harren se em nich.

Eenes Dags sagg siene Frau em: „Anton, wi kuemt met usse Huesmittel nich wieder. Wenn Rüenkrut di nich äs helpt, dann moß doch män nao ussen Dokter gaohen, et is licht müerglik, dat he diene Liewpien ganz gau weggkrigg."

Äs Anton sick dat so'nn paar Dage üöwerleggt har, un dat Stiäken un Kniepen in'n Buuk ümmer leiger wuor, dao gaw he sick doch up'm Wegg naon Dokter.

De aolle Landdokter Huesmann de unnersoch em un sagg dann: „Ja, Strothmeier, ick kann so nao nicks Endgültiges feststellen, kuemt muorn fröh män wier un dann brängt juhe Water un etwas von'n Stohl män met, dat ick dat auk äs unnersöeken kann."

„Muorn fröh, Häer Dokter", sagg Strothmeier, „dann häw ick gar kinne Tiet, obber kann ick juh miene Unnerbux nich hierlaoten, dao is alls drinn?"

„Am wennigsten vörgätt man de Mensken, de man bloß von't Weggkieken kennt."

„Een guet Waort wirkt Wunner."

Energie spaoren

Met de Energie dao söll wi vandage spaorsam ümgaohen, dat wett üöwerall priägt. De Lährer sagg dat auk in de School. He frogg de Kinner dann, wao man Energie spaoren kann.

De Schöler wussen dat wull, se saggen: „Beim Benzin, beim Öl, bei der Heizung, beim Strom."

Un dann sagg de Lährer: „So, das sagt ihr zu Hause auch euren Eltern und Geschwistern."

Dao wiese Lohrmanns Walter up un sagg: „Ja meine älteste Schwester Anni die spart schon immer Strom. Wenn abends ihr Freund kommt, dann dreht sie sofort das Licht aus."

* *
*

„Ick mot daomaols 'nen Riesenidiot wässt sien", sagg Wellermanns Franz wütend to siene Frau, „äs ick di hieraot't häw."

„Dao häss du villicht recht", sagg siene Frau, „obber ick was daomaols so vörleiwt, dat mi dat gar nich upfallen is."

„De Tung is so'nn lütk Glied un kann so'nn graut Unheel anrichten."

Viell Buern in'n Hiemmel

Hülsings Alfons, so'nn leiwen Buer ut't Mönsterland, de kümp bi Petrus an. Petrus frogg em:

„Wat büs du dann?"

„Ick bin Buer", sagg Alfons.

„Ja, dann gaoh män in'n Hiemmel. Du moß obber diene Schoh un Jack uttrecken, un dann sett di män up de Bank un ruh di ut", sagg Petrus.

Kuort daonao saog Alfons, dat sick 'ne Prossion upstellt. Met Fahnen un Mussick trock se ut nao de Hiemmelsdüör, üm'm nie'en Büörger aftohalen.

Dao kuem't se met so'nn fröndlicken Wäet, met Blümels Robert, bi Petrus an. Robert de wett faots ganz fierlick upnuomen un to sienen schönen Sesselstohl bracht. De Mussick spielle daobi denn aollen Marsk: „Schäsemann sien Kind, dat is up't Äisken blind."

Äs Hülsings Alfons dat saog, dao sprung he ganz upgeregt up un sagg to Petrus:

„Ne, Petrus, auk hier giw't kinne Gerechtigkeit. To mi sägg man, gaoh män herin, treck Schoh un Jack ut un sett di up de Bank, dat was alls. Un bi Blümels Robert?"

Petrus gaw em'n Traust. „Dat vörsteihs du nich", sagg he. „Buern de kuemt genog in'n Hiemmel, wi wirt't boll nich mähr, wao wi daomet henn söllt. Obber denn Blümels Robert dat is siet tweehunnert Jaohr de iärste Wäet, de in'n Hiemmel kümp, dao is usse Freid doch graut, un dao müet't wi doch 'nen birtken Upseihn maken."

De Huesfrönd

De Frau Löbbers de har sick so'nn ganz fein System utdacht, daomet iähr Huesfrönd wuß, wann iähr Mann ut'n Hues was un he äs grad iäm'm kuem'm konn.

Wenn iähr Mann also nich wegg was, dann hong se'n Schildken a de Huesdüör, wao drupstonn: „Mannheim."

Soboll iähr Mann obber wegg was, dan hong se'n Schild nao buten, wao druppstonn: „Erfurt."

Dat gong 'ne Tietlang guet, dao miärke iähr Mann dat Spiellken. He deih so, äs wenn he vörreisen woll, dann kam he obber nao 'ne Stunn wier trügge un schmeet denn Kärl ut'n Hues. Dann hong he 'n Schild vüör de Düör, wao druppstonn: „Schweinfurt."

* *
*

Frau Kneilmann geiht met iähren schönen Rüer düört't Duorp. Dao sagg iähr so'nn ölleren Mann:

„Dat is doch 'nen schönen Rüer, de häw sicher 'nen Stammbaum."

„Dat gleiw ick nich", sagg de Frau, „soviell ick miärk, pißt he an jeden Baum."

„Jeder Mensk will, dat sien Naober 'nen Gewietten häw, em sölwst is't obber unbequem."

Dat leckere Kotlett

Rielmanns Julius de har eenige Dage nao sienen 60. Geburtstag fief langjöhrige Kollegen met iähre Frauen to'n Aobendiätten bi emm inladen. Et gaw extra schöne, graute Schwienekotletts.

Äs alle Gäst un Rielmann met Frau so'nn graut Stück Fleesk vörtiährt harren, dao lagg nao een Kotlett up'm Teller. Frau Rielmann de bott dat schöne Stück nao rundüm allen Gästen an, obber al lehnten dat Kotlett höflick af.

Plötzlich geiht de Lucht ut, et is stockdüster in'n Stuowen. Dao schreit een von de Frauen mächtig up. De Lucht geiht wier an, dat Kotlett is vörschwunden, un in eene Frauenhand wassen twee Gaobel sittenbliewen.

„De Iärste, de sick 'nen Knüpp in sienen Schlipps mouk, de deih dat, üm sick wat to miäken. Wat dat wass, dat wiet wi büs vandag nao nich."

„De Ehe dat is faken 'nen Vuegelhues, well drinn is, de will wier drut."

„Lao de Lüe küern un de Rüens blieken."

Butkamps Surg

In'n twetten Wiältkrieg dao schlachten se bi Buer Butkamps 'ne dicke Surg. Äs de Wuosterie ferrig was, dao schicke Butkamps Moder Pakete an iähre Süöhn in 'n Krieg. Twee Wüöst gongen an de Ostfront, twee in'n Westen, eene nao Afrika un eene nao Rumänien.

Äs de Pakete packt wassen, dao sagg de Moder: „Dat häw sich usse Surg auk nich dreimen laoten, dat se nao so wiet in de Wiält harümkamm."

* *
*

„Junge, Junge", sagg Buer Hilgenbrink, „'nen Luftschiff, dat man stüern kann, dat häbt se al ferrig, obber 'nen Kragenknöpken, dat't iärstemaol daohenn geiht, waot't henn soll, dat häbt se nao nich erfunnen."

„Wenn jede Lüegenwaot 'nen Ton brach, dann har man't ganze Jaohr de schönste Musick."

„Manche Baum bleiht schön un brängt doch kinne Frucht."

Janns, de graute Knecht

('ne waohre Geschicht)

Nao denn twetten Wiältkrieg, äs alls nao so knapp was, dao brande in'n Kreis Tecklenbuorg 'nen Buernhues af. De Naoberbuern wullen bi denn Wierupbau helpen, daomet de Bauerie nich so düer wuor. Se gongen halwe un auk wull ganze Dage nao de Baustell un holpen.

Schulte Marwert de schicke sienen Knecht Janns alle Dage nao'n Bau. Dat was'n Holländer, 'nen unwies grauten Kärl. He was 2,06 m lang, 196 Pund schwaor un har Schoh-Nr. 55. Arbeiten dei he düftig, gueten Appetit har je obber auk.

Marwerts de brachen em dat Iätten meddags nao de Baustell, daomet Janns bi de Arbeit nich lang utfoll.

So'nne Schüedel vull Pannkoken de att Janns alleen. Äs se em eenes Dags 'nen Pott vull Gemös, so drei büs veer Liter met'n Stück düörwassenen Speck drinn brachen, dao moß Janns doch düftig schuwen, dat het't al herunner kreeg.

Dao froggen em de annern Naobers: „Janns, was dat nich toviell?"

„Jaaa", sagg Janns, „dat was vandage wull rieklick, obber ick wull nicks trüggierwen, süß brängt se mi muorn wenniger."

„Well sölwst nich weet, wat he will, de mot wennigstens wietten, wat de annern willt."

Wu geiht't wull wieder?

Met denn dautkranken Buer Hiärm Böckenkamp gongt to Ende. He frogg in siene lessten Stunn'n siene Frau so ganz stillkes: „Sägg äs, Truta, wat wett't up ussen Hoff wull wäeden, wenn ick äs nich mähr liärw?"

Dao streek siene Truta em so ganz sinnig-schmö üöwer't Gesicht un sagg: „Ach Hiärm, mak di doch kinne Suorgen, nu stiärws du äs iärst, un dann will wi maol seihn, wu't wiedergeiht."

* *
*

„Waorüm büs du so trurig?", frogg Franz sienen Naober Terro.

„Ja, man häw't nich licht", sagg de Naober, „fief Döchter häb ick un nao kinnen Schwiegersuohn."

„Wat soll ick dann säggen", sagg Naober Franz, „ick häw bloß eene Dochter, obber al drei Schwiegersüöhns."

„Dat Zentrum von de Wiält is un bliw't Geld."

„All dat Wassen un Gediehen is'n Geheimnis."

De Fahrradkontroll

Franz un Hubert gongen met de Fronlichnams-Prossion. Dat Wiäre was schön, et was obber heet. Äs de Prossion vörbi was, dao wassen de beiden so siermlick an de Kannt. Se harren auk Duorst kriegen un deshalb gongen se in de Wirtschaft un drunken 'nen paar Glässkes Beer.

Dann nam'm se iähr Rad un föherten nao Hues. Äs se üöwer de Aobrügg mossen, dao stonn up de annere Siet von de Brügg 'nen Schutzmann un sagg to iähr:

„Meine Herren, steigen sie mal ab, ich muß ihr Fahrrad mal nachsehen, ob daran alles in Ordnung ist."

An Franz sien Rad dao feihle de Klingel, he moß fief Mark Straof betahlen. Ja un an Hubert sien Rad dao feihle auk de Klinkel un dat Kattenaug un de Brems, he moß füffteihn Mark Straof betahlen.

Franz un Hubert steegen so schliepstiärtsk wier up iähr Rad, un dann schimpten se mächtig up denn Pollzisten, äs wenn de up Fronlichnam anners nicks to douhen har, äs de Buern dat Geld aftoniermen.

Äs se wier so'nn Stücksken föhert wassen, dao kümp iähr Hännerich entgiegen. Franz un Hubert stegen af un vörtellten Hännerich, wat de dumme Polzist met iähr makt har, bloß weil an iähr Rad wat feihle.

„Steiht de aolle Kärl dao dann nao?", frogg Hännerich.

„Ja sicher", sagg Franz, „du kaas'n jä dao echten wull staohen seihn."

„O Guott, wat ick dann wull betahlen mot", sagg Hännerich, „mi feihlt jä dat ganze Rad."

Christin un de Dokter

Mitten in de Nacht dao klingelt bi denn Dokter Borchers dat Telefon. Buorgmanns Christin melde sick un sagg: „Häer Dokter, se müet't iäm'm to us kuemen, mien Mann de häw mi jüst schwaor beleidigt."

„Wat", sagg de Dokter, „wiägen so'nne Saak dao ropt se mi mitten in de Nacht an?"

„Ja, Häer Dokter", sagg Christin, „et döet mi leed, ick kann't obber nich ännern, se müet't faots kuemen, mie'n Mann de mot an Kopp neiht wärden."

* * *

Up'ne Station von de Kleinbahn Rheine – Ostenwoll – Osnabrück dao frogg 'n Fahrgast denn Bahnhoffsvorsteher: „Kümp de Zugg boll?" „Jau", sagg de, „de Lokomotivführer sien'n Rüer de is al hier."

„Man hieraot't nich eene Person, sonnern drei: iärstens denn Mensken, so äs man'n süht, twettens denn, so äs he würklich is, diädens denn, to denn he sich nao't Hieraoten enwickelt."

„Wenn man de Lüe und Veeh metenanner vörglick, dann stiegt de Veehpries."

Mien leiwe Mönsterland

So äs eh un jeh was usse Mönsterland 'ne guete Moder. Unner iähre Sunn har alls siene Ordnung, sienen Platz, so äs usse leiwe Häerguott et vüörplant har.

Dao wassen Land un Water, Biärg un Tal, Büssk un Wallhiegen, Dier's un Mensken. Aohne Rezepte un Gebruksanwiesungen har alles siene natürlicke Bestimmung in sick. Je nao Jaohrtiet gaw't Sunn' un Wiärmde, Riängen, Ies un Schnee. De Mensken brukten bloß up de Naturgesetze to achten, dann leip alls sienen Gang. Dat Stüer obber, dat holl de Häerguott in siene Hand, un dat was guet so.

Dat sagg he auk to de iärsten Mensken, „Doun könn ih, wat ih willt, obber Häer in Hues sinn un bliew ick." De Häer bekeek sick sien Wiärk un alls was guet. He gaw sienen Siängen met denn iärsten Riängen. Dat was auk de Anfang von usse leiwe Mönsterland.

(Frau Dorothea Goihl, Herne 2)

„De Mensken häbt al viell erfunnen, obber nao nicks, wat dat glücklicke Lachen von Kinner ersetten kann."

„Du büs bloß schön, wenn du togliek auk mensklick büs."

Dat Darmlieden

Messings Bäind de kam in't Krankenhues. De Dokters de wull'n dat Darmlieden von'n nie inliärwerten Kranken unnersöeken, se vörwesselten obber de Kranken.

Bi de Unnersökung find de Dokter nicks. Dao reip he 'nen jüngeren Dokter, he soll de Mann äs unnersöeken, weil he längere Finger har. De fund obber auk nicks.

Dao sagg Messings Bäind endlick: „Häbb ih hier dann nich 'nen Dokter, de nao viell längere Finger häw, mi feihlt et nämlick in'n Hals."

* *
*

In'n Bahnhoff Mönster dao löpp 'nen Zugg in. He stonn nao nich äs richtig, dao steeg al'n aollen Buer ut un föllt up'm Ächtern. De Schaffner helpt em up un sagg:

„Das merken sie sich, man muß immer in Fahrtrichtung aussteigen!"

„Dat denkste", sagg de Buer, „menns du dann, ick wull up't Muul fallen!"

„Et is ümmer 'nen Vüördeel, dat to vörschwiegen, wat man nich unbedingt säggen mot."

De Vuellmaond

Lastrups Willem de bummele nachts laat un nich mähr nöchtern ut't Duorp nao Hues.

Äs he unnerwegs dat Kiärkpättken entlang gong, dao moß he fein uppassen, dat he de Richtung beholl. Un dao keek jüst de Vuellmaond ächter de Wolken hiär. Willem de blew 'nen Augenschlag staohen un bewünnere denn hellen Maond. Dann belle he sick in, dat de Mann in'n Maond em so'nn höhnisk Gesicht to schnieden scheen.

Dao balle Willem siene Fust un brülle ganz upgeregt: „Du Dickkopp du, si bloß nich so üövermötig. Du büs jä bloß eenmaol in'n Monat vuell, ick bin dat alle paar Dage."

* *
*

Albert: „Bäind, du büs ja besuoppen!"

Bäind: „Dat is nich so schlimm, dat geiht vörüöwer, obber du büs dumm, un dat bliw."

„Lichter suorgt een'n Vader füör teihn Kinner, äs teihn Kinner füör een'n Vader."

„Büs du eensam, dann besöek een'n, de nao eensamer is."

So kann't gaohen

(Eene waohre Geschicht)

Bäind un Jobb, twee Schwöegers ut'n Schotthouk, de wassen all in Rente. Se harren beide ächter iähr Hues 'nen Gaoden un'n Stall met'n paar Schwienkes drinn. Somet harren se auk up iähren aollen Dagg ümmer etwas to don.

Alle Jaohr in'n Märten dann hollen se von'n Buer in Esskenduorp 'nen paar Fiärkskes, de wassen dann to Wiehnachten schlachtriep.

Auk nu wier harren se iähren Schwienestall schön rein makt un de Wänn'n frissk widdelt. Nu feihle iähr bloß nao 'nen paar Bund Strauh, dann konnen se de Fiärkskes halen.

„Laot us dat Strauh von Naomdagg män halen, dat Wiär is nu guet", sagg Bäind.

„Ja, män to", sagg Jobb.

Se namm'm Jobb sienen grauten Bollerwagen un föherten nao'n Buer in Esskenduorp. Äs se an de Wirtschaft Aoltmeier vüörbi kammen, dao gong't dao recht munter to.

„Söll wi dao äs iäm'm 'nen Schnäpsken drinken un kieken, wat dao löss is", sagg Bäind.

„Aoch ne", sagg Job, „laot us iärst män dat Strauh halen, dann kiek wi dao up'm lessten Wegg iäm'm drinn." So wuort't dann auk makt.

Up'm Trüggewegg leihen se iähren Wagen met Strauh vüör de Wirtschaft Aoltmeier staohen, un dann gongen se harin. An de Thek dao stonn de junge Buer Osthoff un har dat gröttste Waort. Bäind un Jobb stellten sick so'nn birtken niesgierig daobi un leihen sick 'nen Schnäpsken giewen.

Dann obber betahle de Buer alls, wat an de Thek drunken wuor. De Buer har'n paar wunnerschöne Dag ächter sick. In't Iemsland was he wesst, up'm Buernhoff, wao he fröher een Jaohr äs Eleve arbeit't har. Dao har he sick daomaols in dat Buern-Döchterken vörleiwt. He har dat schöne Wichtken met denn grauten Hoff kriegen konnt, inhieraoten har he dao konnt. Sien Vader wull dat obber nich. He sagg:

„Franz, du büs mien'n enzigen Suohn, du moß bi mi bliewen, Osthoff mot Osthoff bliewen." Franz deih dat, he soch sick 'ne annere Frau, vörgiätten konn he dat schöne Wichtken in't Iemsland obber nich.

Vör lutter Freid, dat he sien schöne, leiwe Wichtken nu äs wierseihn har, vörtelle he ut siene schöne Tiet in't Iermsland, un alls, wat met em an de Thek stonn, drunk kräftig met up siene Riäknung. „Alte Liebe rostet nicht, na dann Prost", reip Franz.

Et was al laat un düster, äs Bäind un Jobb met lück Kneischeiten nao Hues wullen. Ganz vörwünnert keeken se, äs iähr een dat Strauh von' Wagen klaut har. Schliepstiärtsk trocken se af nao Hues.

Obber dat Lachen von iähre Frauen was lut un härtlick, äs se saogen, dat iähre beiden Spaßmakers statt Strauh 'ne ganze Pottion Schnäpskes inföhert harren.

„Et giw Mensken, de sick ümmer angrierpen föhlt, wenn een 'ne annere Meinung häw, äs se."

Ih vördammten Kärls

So'nn Tröpken Mannslüe singt un kriölt nachts vüör dat Hues Linnenstraot 8. Frau Kempkes waakt ut'n Schlaop up un löpp an't Fenster. Äs dat up de Straot nich ruhiger wett, dao reet se dat Fenster löss un reip nao unnen:

„Ih verdammten Kärls, mitten in de Nacht so'nn Radau to maken, dat man kinne Ruhe krigg, ih sollen ju wat schiämen. Wenn ih nich faots makt, dat ih weggkuemt, dann rop ick äs iäm'm mien'n Mann, de brängt ju wull up'm Draff."

„Dat bruks gar nich", höert se von unn'n, „de bräng wi jä grad."

* *
*

„Du, Jenns", sagg Thomas, „söll wi äs Pappas Zigarren vörstoppen?"

„O ja", sagg Jenns, „dat doh wi, dann sägg he us wier so dolle Wöer, de wi nao gar nich kennt."

„Wenn de Oss up't Seminar gaohen was, dann droff he auk priägen un bruke nich to träcken."

De eegenen Siergen

To Siergen sägg man auk wull Biärgmannsküh oder auk Beamtenküh. Siergen de könnt würklich ganz eegen sien. Üöwer eegene Siergen will ick nu een waohr Geschichtken vörtellen.

An'n Stadtrand von Lingen dao wuohne vüör mähr äs vettig Jaohr 'nen Isenbahner Assmann, de har veer von de witten Sahne-Siergen. De Diers gawwen viell Miälk. Jeden Dagg brachen Assmanns fief Litter Siergenmiälk füör guet Geld naot't Krankenhues. Siergenmiälk sall giegen enige Krankheiten guete Heelkraft hämmen.

De veer Siergen wuorn von Assmanns Oma guet uppasst, fohert un molken. Eenes Dags dao kam bi de Oma de aolle Dagg. Se wuor krank, se moß in'n Bärre bliewen un konn somet de Siergen nich mähr melken.

Da ergab es sich, dat twee von de veer Siergen sick bloß von de Oma melken leihen. Assmanns Pappa un Mamma, iähre beiden Döchter Änne un Berta, un auk eene Naoberske wullen de Siergen wull melken, obber de eegenen Diers leihen sick dat nich gefallen. Wenn de bloß an iähren Titt kam'm, dann wuorn de Siergen reinewegg unwies.

Nu wuort't met Gewollt vörsocht. „Wi könnt doch so'nne Sierg wull bännigen", sagg Assmann. Un dann hollen twee Mann de Sierg fast un een moß dann gau melken. Dao gaw't obber kiene Miälk, de eegenen Siergen trocken de Miälk up.

„Wat mak wi dann nu?" sagg Assmanns Pappa. Et blew iähr nicks anneres üöwer, äs de aolle Oma, de buom in Hues iähren schönen Schlaopstuowen har, tweemaol an'n Dagg nao unnen to halen. Se setten se dann up de

Diäll up so'nn kleinen Pretter un so konn se dann de twee eegenen Siergen melken.

Dat gong obber bloß 'ne kuorte Tiet guet, de Oma wuor öller un stiewer un konn von'n Bärre nich mähr aff.

„Watt nu", sagg Assmanns Pappa.

„Jaaa", sagg siene Frau so ganz gelaoten, „wi müert't dat nu ümgedreiht maken, wi müert de biböllsken Siergen nu tweemaol an'n Dagg nao buom nao Oma ant't Bärre brängen, se kann de Diers jä wull von't Bärre ut melken." Dat wuor probeert.

De Trepp herup gongen de Siergen wull, denn Siergen de kleit ganz gäen. Se leihen sick an't Bärre von Oma auk wull melken. Doch de Siergen wier nao unnen to kriegen, dat was alle Dag 'ne graute Quiälerie.

Schließlich was Oma dann so schlapp wuorn, dat se de Siergen auk an't Bärre nich mähr melken konn. „Wat mak wi nu", sagg Assmanns Pappa. Nu was guete Raot düer.

Jüst to de Tiet was Lingener Veehmarkt. Dao brach he de twee eegenen Siergen gau henn, un he konn se auk guet vörkaupen. Wu de Keiper dann met de Melkerie ferrig wuorn is, dat konn ick nich mähr gewahr wäeden –

„Jede Hüesken häw sien Krüsken!"

„Wenn wi alls an us vörbiättert häbt, wat wi an annere uttosetten gleiwt, dan sinn wi vuellkuemen."

Dat ewige Licht

Wellenbrinks Hedwig de mouk 'ne Wallfahrt nao Telgte. Se namm iähren sessjöhrigen Albin met. Äs se in de Kapell sitt un biäet, dao miärkt se, dat de kleine Albin ümmer to bloß up dat Ewige Licht kick.

„Sägg äs Albin", frogg se denn kleinen Jungen, „waorüm kicks dü ümmer bloß up dat Ewige Licht?"

„Ja, Mamma", sagg de Jung, „ick wocht, büs dat grön wett, dat wi wier gaohen könnt."

Usse Afstammung

So'nn ganz schön Wichtken frogg äs maol iähren Chef: „Häer Bruning, gleiw se dann auk, äs so vielle Lüe behauptet, dat de Mensk von'n Apen afstammt?"

„Egentlick nich, Fräulein Becker", sagg Bruning, „denn so'nnen schönen Apen, wao se von afstammen können, de giw't ganz gewiß nich."

* *
*

„Eene schwacke Siet schinnt se doch to häm'm, se drinkt doch", sagg Meierings Hedwig to'n jungen Mann, de 'ne Brut soch.

„Oh, dao vördoht se sick obber, jüst Drinken dat is miene starke Siet", sagg de Mann.

De Wiehnachtsgeschenke

An'n twetten Wiehnachtsdagg dao troffen sick nao't Hochamt Brüggemanns Franz un Wentkes Hubert, twee Naobers.

„Na, Hubert", frogg Franz, „wat häw di't Christkindken dann bracht?" „Ick häw'n schön Book kriegen, so'nn plattdütsk, dao staoht wunnerschöne Vörtellkes un Döhnkes drinn, wi häbbt gistern al drin liäsen un daobi düfftig lacht", sagg Hubert.

„Ja, Hubert", sagg Franz, „du soss't nich gleiwen, ick häw to Wiehnachten auk 'nen Book kriegen, dao steiht drupp Lyrik."

„Lyrik?", frogg Hubert, „watt is dat dann?"

„Wat, Hubert, du wees nich, wat Lyrik is?, dann will ick di dat äs klaormaken", sagg Franz.

„Lyrik, dat is de utsichtlösse Vörsoek, Wind to maolen."

„Dat mot wull so sien", sagg Hubert, „ick häw gistern al so'nn birtken drinn liäsen, dat is füör us Lüe nicks, daomet könnt se usse schöne Platt nich wier up de Beene brängen."

„Ja-a-a", sagg Franz, „et is obber doch schaa, dat de schönen Gedichte, de us de Lyrikes schriewt, un de wi fröher in de School sogar utwennig läern mossen, vandag nao wennig liäsen wäed. Gedichtsböek wäed leeder kaum nao vörlangt."

Spaß bi de Beerdigung
(Een waohr Geschichtken)

Et sind al mähr äs diärtig Jaohr hiär, dao wuor inne Kleinstadt von'n Kreis Stemmert so'nn aollen Isenbahner begrawen. Dat was 'ne mittelgraute Beerdigung; viell Isenbahner wassen metgaohen.

Äs de Sark in't deipe Lock herunnerlaoten was, dao gong de Pastor un de ganze Truergemeinde luck naiger an't Graw heran. Un dann biärde de Pastor met alle, de an't Graw stonnen, füör de Siälenruh von denn aollen Isenbahner.

An'n Schluß sagg he dann: „Lasset uns nun beten für denjenigen aus unserer Mitte, der dem Verstorbenen zuerst vor das Angesicht Gottes folgen wird."

Dao reip so'nn 86jöhrigen Lokführer, de up siene aollen Dag nich mehr so genau kontrolle'ern konn, wat he sagg, lut un dütlick, so dat't alle vörstaohen konnen: „Höer äs, män's du mi?"

Dao gong so'nn allgemein Lachen un Grinsen düör de ganze Truergemeinde, wovon sick auk de Häer Pastor nich ganz utschluten konn.

De Dagg nimmp sienen Laup, of du upsteihs oder nich!

„Sunndags dann sind alle Lüe schön, de Krumm'm, de met'n Kropp, un auk de, well düfftig schiält."

Nao denn Sängerball

Rietmeiers Ludger de kam von'n Sängerball ut de Stadthalle trügge. Dat was nich an'n fröhen, sonnern an'n laten Muorn. Nöchtern was he egentlick nao nich, daoto was et nao to fröh. Nu wull he sick in'n Stadtpark äs luck up de Bank setten, äher he nao Hues gong.

Dao vörwessele he obber denn Ingang von Park met denn Ingang nao'n Kiärkhoff. Jüst kümp dao 'nen Liekenzug heran un Ludger schlütt sick so ganz stillkes an de Schlang an un schlängelt äs'n Schlußlicht so ächteran.

De Wegg düör denn Kiärkhoff de höere un höere nich up. Ludger de kreeg al so weeke Knei. Dao tippe he sienen Vüördemann up de Schuller un sagg: „Du sägg äs, duert de Polonees nao lang?"

„Dat enzige Ungewisse an de schönsten Liäbensjaohr is de Fraog, of man se üöwerhaupt nao beliäwen kann."

„So äs man 'nen Baimken bögg, so wässt auk."

„Kien Mensk kann vulle dusend Dag glücklich sien, kinne Blom kann hunnert Dage bleihen."

Kleederfraogen

In'n grauten Kurort in Oberbayern dao wull de Kurdirektion so'nn richtigen Sommerball up de Been brängen. Eenige Damen ut't beste Hotel an'n Platz unnerhollen sick al 'n paar Dag vüör denn Termin üöwer de Kleederfraog füör düt Fest.

„Was dat nich wat Besonneres", mennt eene, „wenn wi Damen 'nen Kleed in de Haorfarw von usse Männer driägen deihen? Dat was doch maol ganz wat anneres!"

„Wunnerbaor", reip eene annere. „Ich wäed dann also in Schwatt kuemen!"

„Un ick in Witt!", reip de diäre.

„Füör mi soll dat al wull leiger wäeden", mennt de veerte, „mien'n Mann de häw 'ne graute Glatz!"

„De miärsten Frauen müegt gar nich so'nn besonners gueten Mann häm'm, weil se ümmer so gäen wat dran uttosetten häbt."

„Dumme Lüe de schmiärt dat fettste Schwien auk nao denn Ächtern."

„Je klöker 'ne Frau is, desto dicker sind bi iähr de Kartuffelschällen."

De Koppien

Dummelkamps Janns de har faken unner starke Koppien to lieden. Dao frogg he sienen Huesarzt Dr. Max, wat he so von de aollen Huesmittel holl.

Äs de Dokter de nich so rundwegg aflehne, dao sagg Janns: „Ja, Häer Dokter, mi häw nüelick 'ne Buernfrau raoten, giegen Koppien denn Scheidel up'm Kopp met Surmoos to beleggen."

„Großartig is dat", sagg Dr. Max, „dat is gewiß guet, ick deih obber nich vörgiätten, auk 'ne Mettwuorst druptoleggen."

* *
*

Franz: „Du de Kaulings Pappa de is daut!"

Janns: „Na ja, de häw sick an Schnaps dautdrunken."

Franz: „Obber de aolle Müller, de drinkt doch auk so viell Schnaps, un de is doch nao wull twintig Jaohr öller!"

Janns: „Nu ja, denn höllt de Schnaps jä bloß nao up de Been!"

„Dat Schwiegen höert to de indrücklichsten Begierwenheiten usses Liäbens."

Füör't Siälenheil

Wienands August, so'nn ganz grauten Buer ut't Mönsterland, de was üöwerall äs Wiesepinn bekannt. He leih sick, äs man wull sägg, füör teihn Penning düör't Knei buohren.

In siene aollen Dage dao har he allerhand Geld up sien Konto. He üöwerlegge nu alle Dage, wu he dat vielle Geld nao sienen Daut am besten vördeelen konn. Daobi dacht he auk an siene Siälenruh, daofüör wull he auk suorgen.

He wuor dann eenes Dags schwaorkrank, he lagg in't Stiärwen. Dao leih he denn Duorppastor to sick ropen un frogg em:

„Häer Pastor, meint se wull, dat ick in'n Hiemmel kuem, wenn ick usse Kiärk hunnertdusend Mark vörmaak?"

„Ja Wienand", sagg de Pastor, „daofüör kann ick natürlick nich garanteeren, obber vörsöeken deih ick dat up jeden Fall."

*
* *

„Et giw 'nen Leed, dat ick ümmer wier gäen sing", sagg Wallmeiers Anni to iähren Mann un dat hätt: „O, daß ich tausend Zungen hätte . . ."

„Üm Guotts Willen", sagg iähr Mann, „dao mi dat nich auk nao an!"

Denn richtigen Mann

Wessels Grete de sagg to iähren Brouer Hubert: „Mienen zukünftigen Mann de stell ick mi so vüör: He mot guet utseihn, gäen vörtellen, üöwer alls im Beld sien, nich drinken, nich rauken un aobends ümmer schön in Hues bliewen."

Dao sagg Hubert iähr: „Grete, wat Du in düssen Fall bruks, dat is nich 'n Mann, sonnern 'nen Fernsehapparat."

* *
*

Hiärmken: „Mamma, vandag häw ick wat Guets daon!"

„So, wat dann?" frogg de Moder.

„Ja Mamma", sagg Hiärmken, „twee aolle Tanten de gongen ieligst nao'n Bahnhoff. Ät was bloß nao 'ne kuorte Tiet, büs dat de Zugg afföhere. Dao häw ick iähr ussen Rüer in de Hacken jaggt, un dao sind se doch nao metkuemen."

„Tohöern mot man können, daomet kann man siene Ümgierwung vörwannerl un bröderlick maken."

Urlaub in't Surland

Lehmkösters Hubert ut't Mönsterland de föhere äs wier in Urlaub in't Surland. Dao was he al'n paarmaol wesst un dao gefollt em guet.

Äs he in de Pension kam, dao beschwere he sick bi denn Inhaber un sagg: „Leiwer Häer Dölling, äs ick vüörges Jaohr von hier wier nao Hues kam, un mienen Koffer lössmouk, dao kreip 'ne Wanz herut, wat säggt Se dann daoto?"

„De sall sick wull freit häm'm", sagg de Inhaber, „dat se wier in Hues was".

* *
*

Dao wuor'n Angestellten von'n Kleinbetrieb froggt: „Wuviell Lüe arbeit't hier?"

„Met denn Mester fiefuntwintig", kreeg he to Antwort.

„Also aohne denn Mester veeruntwintig?"

„Ne, aohne denn Mester arbeit't hier nich een."

„Well kiene Suorgen häw, de mäck sick wiärke."

„Toviell is ungesund, un wenn't auk lutter Medizin was."

Änne's schwacke Sieten

Bi Trendelkamps wassen de Flitterwiärken längst vörbi. Dao sagg Ewald to siene junge Frau: „Du Änne, üm't ganz klaor to säggen, nu, wao wi al so'nn halw Jaohr vörhieraot't sind, möch ick di doch up enige vo diene Feihler upmiärksam maken."

„Dat is nich neirig", sagg Änne, „ick kenn miene lütken schwacken Sieten sölwst ganz genau. Un weil ick de kenn, moß ick mi met'n Mann von diene Sort begnögen."

* *
*

De Vösiet wass vörbi, de Bekannten wassen aftrocken.

„Nich Anni", sagg Frau Töllker dao to iähr Dennstwichtken, „de Besöek, dat wassen doch nette Lüe."

„Se könnt guet küern, Frau Töllker", gaw Anni to Antwort, „juh häw he jä nich in'n Ächtern knierpen!"

„Je wenniger Vörstand de Mensk häw, desto wenniger miärkt he denn Mangel."

„Et is biätter, 'nen Striet met'n Klooken äs 'ne Fröndschopp met'n Dummen."

Wu geiht't, August?

Giärstkamps August de lagg al längere Tiet in't Krankenhues. De Dokters konnen nao nich herutfinnen, wat em egentlick feihle.

Dao besoch em sienen langjöhrigen Kumpel Franz. „Wu geiht't di dann, August", frogg Franz, „kümps du nao nich boll wier nao Hues?" „Ne", sagg August, „se unnersöekt mi nao alle Dage, se müet't iärst maol wieten, wat ick häw. Gistern häbt se mien Gehirn unnersocht, so häbt obber gar nicks funnen."

„Dat har mi obber auk wünnert, wenn se in dien Gehirn wat funnen harn", sagg Franz.

* *
*

Albert sagg: „Jck wierspriäk miene Frau üöwerhaupt nich."

„Dat is recht so", sagg Hubert, „ümmer schön wiederküern laoten, nao 'ne gewisse Tiet wierspräkt se sick sölwst."

„Fief Minuten Hölp is biätter äs teihn Dage Metleed."

„Annere Lüe Krüs läert us, dat egene Krüs to driägen."

De Unnerscheid

Janns un Franz de stonn'n in Hohenholte aobends nao laat in de Duorpkneip an de Thek un unnerhollen sick.

Dao sagg Janns: „Du sägg äs Franz, kenn's du denn Unnerscheid tüssken gratis un ümsüss?"

„Ja, dao giw't jä kinnen Unnerscheid, gratis of ümsüss dat is doch datsölwe", sagg Franz.

„Ne, ne, dat is'n grauten Unnerscheid", sagg Janns, „ick bin to'm Beispiel gratis nao de School gaohen un du ümsüss."

* *
*

Frau Dullmeier in Mönster de hätt sick 'ne Vüörrichtung in't Schlott an de Huesdüör inbauen laoten, de 'ne elektrisske Klock anhölt, wenn een von buten 'nen Schlüedel in't Schlüedellock stöpp. So weet se an'n naichsten Muorn ümmer ganz genau, wann iähr Mann in de Nacht nao Hues kuemm is.

„Sick dumm anstellen, dat kann manks klook sien."

„Jede Frau kann de vulle Waohrheit säggen und daobi doch ganz viell vörschwiegen."

De drüge Schinken

In'n Düörpken in'n Kreis Stemmert dao schlogg vüör niergenzig Jaohr de Blitz in'n Kiärktaon in. Et duere gar nich lang, dao stonn de Taon in hellen Flammen. Alle Naoberhües wassen düör dat graute Füer in Gefaohr gerott.

Eene Naoberfrau biäre al men to'n hillgen Dionys, denn Schutzpatron von de Kiärk, he soll doch daofüör suorgen, dat iähr Hues vörschont blew.

„Wenn alls guet geiht", so luowe se an, „dann will ick di naohiär 'nen drügen Schinken gierwen."

Dat höere iähr Mann un he reip ganz upgebracht, „Holl dien Muul Anna, de Dionys de kann nich äs siene egene Kiärk met Taon bewaohren, soll he dann 'nen drügen Schinken ümsüss kriegen."

* *
*

„Sägg äs Albert, wann häß du egentlick diene schöne Frau kennenläert?"

„Naodem ick vörhieraot't was", sagg Albert.

„Auk 'ne Frau, de met Leiwe kuokt, mot'n birtken von't Würzen vörstaohen."

Nu män langsam

Kreienbrinks Willem de stonn in Mönster an'n Fahrkartenschalter un üöwerlegge, of he nu nao Osnabrügg oder nao Recklinghuesen föhern soll.

Äs he sick so gar nich entschluten konn, dao sagg de Schalterbeamte: „Ja wissen Sie, das hätten Sie ja schon vorher überlegen können."

„Nu män langsam, wäed Se bloß nich frech", sagg Willem, „süss föhr ick vandage üöwerhaupt nich."

* *
*

Letterhues Hiärm de har siene Frönde met Frauen to 'ne Party in sien Hues inladen. Äs he de Gäste al begrüßt har, dao rett em bit't Hensetten met'n luten Rattsk de Bux up.

„Hiärm, de Bux is di wull to eng?", frogg de Frau von sienen besten Frönd so spitzfinnig.

„Ne", sagg Hiärm, „nu nich mähr!"

„Usse leiwe Häer lött sick nich in de Karten kieken, he mischt un giw, so äs't em päß."

„De Macht des Gebätts is graut! Kinne schöne Wöer maken. Enfack säggen wat man denkt, Guott vörsteiht dat wull. Dat Danken soll man nich vörgiätten."

De üöwerladene Frau

To Wiehnachten gongt in so'nn graut Kauphues mächtig rund. Alls löpp dao schwaor beladen düörneen. Eene Frau, de egentlick met iähr Eegengewicht al üöwerladen is, de häw an boll alle Finger, links un rechts, 'nen Paket, of 'ne Plastiktüt hangen, so dat se bloß schwaor nao'n Utgang kuem'm konn.

Dao kam Hölp. So'nn jungen Mann de frogg de Frau: „Draw ick Juh bi't Driägen 'n birtken helpen?"

De Frau de keek denn Mann so schraot üöwert Päcksken an un sagg: „Ne, danke, et geiht wull, obber villicht könnt Se mi buom'm an de Schuller so'nn birtken kratzen."

* *
*

„Karl, höer up, de Katt an'n Stiärt to trecken," sagg Leissings Moder.

„Ich treck jä gar nich Mamma", sagg de Jung, „ick holl denn Stiärt jä bloß fast, dat Trecken dat döt de Katt."

„Dat Grienen dat is de Mensken angebuorn, obber dat Lachen, dat will läert sien."

GROSSMARKT

De Buern-Vörsiten

Bi de Buern in't Mönsterland dao gaw't fröher faken Vörsiten. De giw't sicher vandag auk nao. Miästens sind de in de ruhigen Arbeitstieten, so tüsken Maihen un Saien of in de Wintertiet, nao Allerhillgen. Dann kam'm de Vörwandten bineen to'n schön Familgenfest. Ja un dann kam auk viel Guets up'm Dissk. Dao wull de Moder bewiesen, dat se guet kuoken un backen konn.

Bi denn grauten Buer Behring in'n Kreis Stemmert dao was de Vörsit guet vüörbereitet. Füör genog Suppen- un Braotfleesk was suorgt. Up'm Dissk in'n Keller dao stonn'n de dicken Torten al ferrig.

Behrings de harren auk'n Tröppken Kinner, so äs dat fröher up't Land üöwerall de Fall was. Een von de Kinner, de Linus, de har't nich ganz richtig in sien Köppken, dao sall de Hebamm schullig sien, so waor vörtellt. Se sall dat Jüngsken statt up't Äisken up't Köppken schlagen häm'm.

Met Linus was somet nich viell antofangen, obber düftig iätten, dat konn he wull. Linus de hat't seihn, äs Mamma de schönen Toren in'n Keller bracht har.

Äs Behrings Moder an denn Fierdag muorns nao so iähm in't Duorp moß, un de Luft somet rein was, dao gong Linus met'n Liepelken gau in'n Keller un probeere de schönen Torten solang, büs he pupsatt was. Dann holl he iähre beiden Katten un stoppe se in'n Keller. De sollen de Torten anfriätten häm'm.

Äs Behrings Moder nao Hues kam un dann wanners in'n Keller gong, dao kammen iähr de Katten in de möte. Se ahne nicks Guets. Äs se dann de anfriättenen Torten saog, dao kam'm iähr de Träönen in de Augen. Dat de Katten dat nich makt harren, dat saog se faots wull, denn de konnen denn Kouken jä nich so glatt afbieten.

Se frogg dann Linus, of he dat makt har. Linus de sagg: „Ne, Mamma, dat häbbt de Katten daon."

Behrings Moder was ganz iärgerlick. Se schnappe sick denn Linus un dao har sien Äisken Hochtiet. „Häss du't daon of nich", frogg se iähren Linus. So etwas trüggholend sagg he dann:

„Ja, Mamma, ick häw dat makt, obber wenn ick dat so nich makt har, dann har ick von denn Kouken nichs metkriegen."

Duorst is schlimm

Frau Heiping häw beschluotten, alleen in Urlaub to föhern. Iähr trüe August brängt se up'm Bahnhoff, wobi he bloß met graute Müh' siene Freid vörbiärgen kann.

Bien'n Abschied sagg siene Frau em nao indrinklick: „Un vörgiätt nich, regelmötig de Zimmerblomen to geiten!"

„Si unbesuorgt, Hedwig!", sagg August, „wenn een weet, wat Duorst is, dann bin ick dat."

„Dat Beste, wat wi up de Wiält daon könnt,
dat is: Guets daon, fröhlick sien,
un de Spatzen piepen laoten."

De Schoolinspekter

Inne Duorpschool von Schleswig-Hollsteen dao kam de Schoolinspekter inne Klass. De Lährer gaw jüst Unnericht in Riäken. De Schoolinspekter höere sick dat so'nn klein Tietken an. Dann stelle he sick an de Taofel un nam'm Stücksken Krie in de Hand. Un dann frogg he so'nn flasshörigen Jungen, so'nn Nordlicht:

„Nenne mir mal eine zweistellige Zahl."

De Jung sagg „sechsundachtzig".

De Jnspekter schrew achtundsechzig an de Taofel. De Jung wünnere sick.

„Nenne mir noch 'ne Zahl", sagg de Inspekter.

De Jung sagg: „siebenunddreißig."

Nu schrew de Inspekter dreiundsiebzig an de Taofel, un de Jung wünnere sick nao mähr.

„Und nun noch eine dritte Zahl", sagg de Inspekter.

„Jawull", sagg de Jung, „vierundvierzig, un nu schriew de auk nao vörkährt, du aolle Döskopp."

„Humor lött us nich vörgiätten, dat wi auk up'm haugen Thron bloß up ussen Ächtern sitt't."

„Wat't Water un de Wind brängt, dat höet denn, wet't kriegen häw."

Janns un Franz

Janns: „Wat häbt de Wiehnachtsinkeip Guets an sick?"

Franz: „Se sind dat allerbeste Training füör denn Winterschlußvörkaup."

Janns: „Wat is 'ne ideale Frau?"

Franz: „Dat is de, wao de Mann met grienen kann."

Janns: „We krieg't schwacke Been?"

Franz: „De Parteien met starke Flüegel."

Janns: „Wat sind Telefonhüeskes?"

Franz: „Dat sind Straotenbichtstöhl."

Janns: „Wat sind Gefaohren füör üöwer 80-Jöhrige?"

Franz: „Dat manches wat se säggt, auk an etwas anneres erinnert."

Janns: „Wat is 'ne Glatz?"

Franz: „Dat is de beste Bewies füör de Hinfälligkeit von usse mensklicke Behauptung."

Janns: „Wat is de Ehe?"

Franz: „De Ehe is 'ne Inrichtung, wao de Frau unner de Haube un de Mann unnern Pantuffel kümp."

Janns: „Wat is Lachen?"

Franz: „Lachen dat is de Triebstoff füör de Siäl."

Janns: „Wat is'n Junggesell?"

Franz: „'Nen Junggesell dat is'n Mann, de jüst äs he will, links of rechts ut't Bärre stiegen kann."

Janns: „Wat is 'ne Witwe?"

Franz: „'Ne Witwe dat is 'ne Frau, de ümmer weet, wao iähr Mann is."

Janns: „Wat is flüssiger äs Water?"

Franz: „De Schwiegermoder de is faken üöwerflötig."

Janns: „Wat is'n Raotschlagg?"

Franz: „Etwas Ähnlickes äs Ritzinusuolg – licht to

giewen, obber schwaor to niehmen."

Janns: „Wat is Vörschwendung?"

Franz: „Wenn man 'nen Kahlköppigen 'ne haorsträubende Geschicht vörtellt."

Janns: „Wat is'n grauten Angierwer?"

Franz: „Dat is een, wovon de Häer sagg, auk denn de is mi nich gerott."

Janns: „Wat is 'nen Frönd?"

Franz: „'Nen Frönd dat is'n Mensk, de di kennt un trotzdem leiw häw."

Janns: „Wat is de iärste Leiwespflicht?"

Franz: „Dat is Tohöern."

Janns: „Wao is usse Heimaot?"

Franz: „Usse Heimaot is dao, wao wi ussen Liäbensfaden fastmakt häbt."

Janns: „Wat is de Ehe füör'n Spiell?"

Franz: „Ja, de Ehe, dat is'n ganz besonneres Spiell, entweder gewinnt beide, of nich een."

Twee Müerglickketten

Möllers Ewald de häw sick 'nen nie'en, ganz flotten Wagen kofft. Äs so'nn Rennfahrer bruse he nu löss – un schon is dat Mallhör passeert.

Äs he wier to sick kümp, find' he sick düör Bandagen an de Bewäggung un düör 'nen Dook üm de Augen an de Sicht behinnert.

„Wao bin ick hier?", frogg he still un matt. Eene früemde Stemm antwortet: „Auf Nummer 7, Herr Möllers."

„Ah, Krankenhues of Gefängnis?"

De Schwiegermöder

Üöwer de Schwiegermöders wett alltiet viell küert, lästert un auk wull sungen. „Wenn du noch eine Schwiegermutter hast, häng sie auf am allerhöchsten Ast." Daobi sind de Schwiegermöder gar nich so leig, äs of säggt un sungen wäed.

De wietut miästen Schwiegermöder sind sicher guet. Wenn se de jungen Lüe äs 'n gueten Raot giw't, dann kümp de miästens von Hiärten un ut langjöhrige Liäbenserfahrung harut, wat obber nich ümmer vörstaohen wäed.

An'n Stammdisk dao wuorn de Schwiegermöder äs wier so richtig beküert. „Jaaa", sagg Bolwiens Janns, „man kann säggen wat man will, de Schwiegermöders staoht vandage üöwerall hauch in'n Kurs, man brück se üöwerall."

„Dat stimmt", sagg Hengstmanns Hubert, „man draw auk nicht vörgiätten, dat alle Schwiegermöders vörschieden sind."

„Dat stimmt nich", sagg Tutmanns Karl, „miene Schwiegermoder de is nao nicht vörschieden."

„Nicks in de Wiält is so üöwerflötig, äs'n Ehemann in de Wuohnung, de reinmakt wäeden mot."

„Et giw nicks Schlimmeres füörn Mann in Urlaub, äs de Gewissheit, dat in Hues in sien Büro auk aohne em alls guet klappt."

De Pantuffelheld

Jobb un Terro gongen aobends von de Arbeit nao soiäm'm in de Wirtschaft, üm denn Stoff herunnertospölen. Dat deihen se boll jeden Aobend, dat gaw dann so'nn schön Küerstündken. Äs se so'nn Tietken an de Thek stonn'en, dao gerotten de beiden in'n lütken Striet.

Dao sagg Jobb to Terro: „Wenn ick di so von de Siet bekiek, dann gleiw ick bestimmt, dat du'n richten Pantuffelheld büs."

„Ja, ja", sagg Terro so ganz gelaoten, „dat män's du wull, du waogs obber nich, dat to säggen, wenn miene Frau nu bi us wüör."

* *
*

Hubert sagg to Hiärm: „Du Hiärm, ick moch nich de twette Mann von 'ne Witwe sien."

„Aoch, Hubert", sagg Hiärm, „dat wick nich äs säggen, dat is ümmer nao biätter äs de iärste."

„De Mensk brängt sien Haor in Ordnung, waorüm nich auk sien Hiärt?"

„Wenn du küers, dann müert't diene Wöer biätter sien äs dien Schwiegen."

De lütke Spazeergang

„Ick mak nao'n lütken Aobendspazeergang", sagg Hiärm to siene Frau.

„Een'n lütken?"

„Ja, bloß so een- of tweemaol üm'n Block."

„Nich in de Wirtschaft?"

„Ja höchstens gueten Aobend säggen. Büs gliek."

„Ja büs gliek, bräng frisske Brötkes met, wenn du wierkümps."

* *
*

Gerrads sagg an'n Stammdisk:

„Dat is jä vandag so, wenn de jungen Lüe vörluowt sind, dann willt se sick wull giegensietig upfriätten.

Wenn se dann obber'n paar Jaohr vörhieraot sind, ja dann iärgt se sick, dat se sick nich upfriätten häbbt."

„Ne kloke Frau lött iähren Mann in'n Glauben, dat he klöker is."

„Leiwe de geiht niemaols ganz vörluoren. Auk de kleinste Rest de bliw büs an usse End erhollen."

De möde Moder

Nao'n arbeitsrieken Dagg leih sick Eilers Moder, total aff, in'n Sessel fallen un sagg: „Ick sinn so möd, ick wull, dat nu een kam un mi in't Bärre brach."

Faots packten iähr de sessteihn-jöhrige Suohn un siene beiden stämmigen Frönde bi Schuller un Been. Se was alles annere äs schlank. De Jungs japsten un stürnten al män to, büs se Eilers Moder in't Bärre harren.

Bi't Herutgaohn ut'n Stuoben dao konn de Moder nao höeren, wu een von de Jungs sagg: „Wi harren doch biätter tweemaol gaohen sollt!"

De Häerguott

De Häerguott meck auk eenmaol in't Jaohr Urlaub. Up siene Wiältreis kam he auk düör de Schweiz. Buom'm, hauch up de Alm, dao sagg he to so'nn Biärgbuer, dat he gäen 'nen Glass Miälk hämm'm wull. De Schweizer Buer gaw em dat gäen un dann bedankte he sick auk füör de schöne Landschaft un de gueten Miälkküh bi sienen Schöpfer.

De Häerguott saog obber dat sourgenvulle Gesicht von denn Biärgbuer un deshalb frogg he: „Wat feihlt di dann nao in't schönste Land up de ganzen Äer?"

Dao holl de Mann siene Hand up un sagg: „Mi feihlt nao de Franken füör dat Glass Miälk!"

(von Bernd Grewe, Wetzikon, Schweiz)

Dat Dankschriewen

De Goldwarenhändler Meierhoff in Mönster de leih sich ümmer von allen nie'en Kunnen denn Namen un de Adress giewen. Dann schicke he de Lüe een persönlick Dankschriewen to.

Eenmaol kreeg he düsse Antwort:

„Viellen Dank füör denn netten Breef, bloß leeder häw miene Frau 'ne lössmakt, un de goldene Halskier was füör miene Sekretärin.

Niem't Se gebrukte Truringe wier trügge?"

* *
*

De drei häufigsten Lüergen:

„Du häss di jä üöwerhaupt nich vörännert."

„Ja, daovon häw ick jä nicks wußt."

„Dat Geld dat is gistern üöwerwiesen wuorden."

„Wenn du' nen grön Tögsken in dien Hiärt häss, dann wett sick dao gäen 'nen singend Vüegelken druppsetten."

„Stellt doch äs'n Krüs drei Dage lang up juhen Schriewdissk un seiht, wu et an juh arbeit't."

De Tiet vörgeiht

Dat Jaohr geiht al to rassk daohenn. Besonners de Sommer met sien schöne Grön, met das Gress, dat äs Unkrut wäss, denn Sunnenbrand, de Miegampel, de in't Brautschapp herümlaupt, un met de heeten Büörgersteeg.

Dann müet wi us up'm aollen Dagg fraogen, wat ut all de Dinge wuorn'n is, de wi vüörhatten, to daohn, un füör de wi büs nu kinne Tiet funnen häbt. Wi bewahrt se up füör eene ungewisse Tokunft, so äs aolle Packsbänn'en un usse Leiwesbreef ut fröhere Tieten.

* *
*

Hilgenbrinks Oma vörtelle: „In twee Monat wäed ick achtzig. Fröher har ick 'nen glatt Gesicht un'n plisseerten Rock. Vandage is dat genau ümgekährt."

* *
*

Hubers Franz was in siene Ferien in de Schweizer Biärg wesst.

„Was et schön in de Biärg?", wull sienen Frönd wietten.

„Dat will ick meinen", lachte Franz. „Ich häw jeden Dagg denn schönsten Almrausk hat."

„Sess Wiewer un drei Gais dat is al'n Grautmarkt".

De Seemann

In Norddütskland, dao buowen an de Waterkant, dao sagg Frau Brockmann to Frau Brameier:

„Juhe Dochter Helga de is jä met'n fröheren Seemann vörhieraot't, stimmt dat?"

„Jau", sagg Frau Brameier, „dat stimmt."

„Un de Mann sall wiägen Helga siene Arbeit up See upgierwen häm'm un nu ümmer an Land sien?"

„Ja, dat stimmt auk", sagg Frau Brameier.

„Ja un wu geiht't em dann nu an Land?", frogg Frau Brockmann.

„Och ja", sagg Frau Brameier, he benimmp sick nao ümmer äs'n Frachtschiff, wenn he nich richtig vuelladen häw, dann lauhnt sick dat füör em gar nich, nao Hues to stüern."

* *
*

„Sägg äs Franz, häss du egentlick al miene schöne Frau seihn?"

„Ne, wuso, häss du dann twee?", sagg Hiärm.

„Leiwer 'n dankbaoren Rüer äs'n undankbaoren Mensken."

De Wanz

De Volbers Franz de sagg to siene Frau: „Du Anna, ick häw de ganze Nacht kein Aug' tomaken konnt".

„Wuso nich, büs du dann nervös?", frogg Anna.

„Ach wo Anna", sagg Franz, „up 'ne daude Wanz häb'k liägen."

„Obber de bitt doch nich mähr", mennt Anna.

„Na, Anna", sagg Franz, „häss du 'ne Ahnung, wu viell Bieleedsbesöek dao von allen Sieten herankam. Ick was froh, dat'k ut'n Bärre was."

* *
*

Meierings Truta de draug ümmer so schäbbige, afdruogene Kleder. De Vörwandten haren iähr dat al faken vüörhollen. Dao gaw se to Antwort:

„Wäed ick dann met biättere Kleder 'n anneren Mensk? Et is 'ne schlechte Saak, wenn de Sack biätter is äs dat wat drin is."

„Dien'n Kalender wiss di, wu de Tiet vörgeiht. Dien Gesicht wiss di, wat du met iähr makt häss."

„Wenn een von Plicht küert, dann ment he miärst de Plicht von annern."

De häerlicke Utsicht

So'nn Utlands-Kaupmann ut Amerika is up siene Geschäftsreis to Besoek bi sienen befröndeten Hotelbesitzer in't Alpenland. De Hotelbesitzer har'n graut Hotel in't Berchtesgadener Land.

De Hueshäer geiht met sienen Gast faots nao't Intreffen in denn Speisesaal. Dao har man düör de grauten Fenster nao allen Sieten henn eenen wunnerbaoren Blick up de häerlicke Biärgwiält.

„Donnerwetter!", sagg de Amerikaner, „wat mössen ih 'ne häerlicke Utsicht hämm'm, wenn de viellen Biärg nich wassen."

„Nu iärt't Se män düftig, Häer Pastor", sagg de Buernfrau, „süss kriegt de Sürg."

„Denn Meierbäinds Hubert dat is'n Kärl, denn nösselt de Spatzen in'n Ächtern un he miärkt nich äher, büs de Jungen anfangt to piepen."

„Of een Kunstwiärk guet is, dat häw nicks daomet to daon, wu et utsüht. Et kümp drup an, wu et up denn Betrachter inwirkt."

De Prozeß

De Buer Rossmann prozeßte met sienen Naober Baumann al längere Tiet – so hatt giegen hatt. Et gong üm'm aolt Wiägerecht. Dat kann us 'ne düre Saak wäeden, sagg he to siene Frau.

Äs nu de Prozeß endlick afschluoten was, dao sagg de Rechtsanwalt to Buer Rossmann: „Ja, Herr Rossmann, all meine Bemühungen, den Prozeß doch noch zu gewinnen, die waren umsonst." „Guott sei Dank", sagg Rossmann, „dat höer'k gäen, ick häw al dacht, dat se daofüör auk nao Geld hämm'm wullen."

* *
*

Meerkamps Willem de gong üöwern Schuttplatz. Dao funn' he 'nen Speigel, de nao ganz guet was. Äs he dat Ding obber äs neiger bekeek, dao sagg he: „Dat Beld har ick auk weggschmieten."

„Luow dienen Mann faken, daomet du auk maol schimpen kanns, wenn het't vördennt häw."

„In't Aoller mot man sick iärst krönen, in de Jugend höert man to de Schönen."

Dat Gedächtnis in't Aoller

Drei aolle Frauen unnerhollen sick üöwer dat schlechte Gedächtnis in't Aoller.

„Manks", sagg Stenings Anna, „staoh ick vüör'n Köhlschrank un weet nich mähr, of ick wat drinstellt häw oder wat herutniem'm wull."

„Dat is nao nicks", mennt Dömers Hedwig. „Ick stonn gistern bi us unnen an de Trepp un har doch kinne Ahnung, of ick se herupgaohen wull oder of ick se jüst herunnerkuemmen bin".

„Dao bin ick obber nao guet drann; sowat kenn ick üöwerhaupt nich", sagg Ruwen Truta un kloppe daobi met'n Finger up Holt. Dann stonn se von iähren Stohl up un sagg: „Oh, dao schinnt een an de Düör to sien."

Bäind de sagg: „Wenn ick daomols wußt har, wat ick vandag weet, dann deih ick nu nich ümmer denken: Wenn ich daomaols wußt har, wat ick vandag weet."

„Viell Kinner, viell Siängen", sagg de Hebamm, dao stoppe se denn Taufdaler in.

Up de Bahnreise

In'n Zugg von Rheine nao München dao sitt'n Mann un läss de Zeitung. In Detten dao steeg 'ne Frau mittleren Aollers in un sett't sick em giegenöüwer up de Bank.

Äs se so'nn Tietken föhert wassen, dao frogg de Frau denn Mann: „Se föhert sicher nao Mönster wa?"

Kinne Antwort kreeg se.

„Ja of föhert Se villicht büs Hamm?", frogg se. Wier kinne Antwort. Dann frogg Se:

„Se föhert sicher nao viell wieder?" Äs se wier kinne Antwort kregg, dao sagg se:

„Ja, dann ist sicher so, dat Se düörföhert büs München."

Dao steiht de Mann up, schmitt siene Zeitung henn un röpp: „Laot Se doch Iähre dummen un unvörschiämten Fraogerie'en!"

„Ja nu", sagg de Frau dao, „mi is dat doch wurscht, wao Se hennföhert!"

„Nich äs de Häerguott kann't allen recht maken."

„Met't Schlaopen spart man't miäste Geld."

Recht up Metgeföhl

Bi 'ne Gerichtsvörhandlung dao har de Rechtsanwalt Imming dat Waot. He steeg siene Rede to'n indrucksvuellen Appell: „Hauget Gericht", sagg he, „düsse Mann hier, dat is kien Vörbriäker! He häw dat Recht up Metgeföhl von us al. Bloß Naut häw em to düssen Inbruck driewen. Här he sick süss met hunnert Mark begnögt, naodem niäman 'ne Kassett met teihndusend Mark stonn?"

In düssen Augenblick föllt de Angeklagte in Ohnmacht. Äs he wier to sick kuem'm was, dao sagg he so stillkes vüör sick: „Teihndusend Mark! un ick dumme Hund häw de nich seihn!"

„An aolle Lüe un an aolle Hütten, dao bruk man nich mähr viell to flicken."

„Wenn't bloß de Pastor nich süht, met usse Häerguott wäed ick wull ferrig", sagg Buer Abelmann, äs he sunndags sien Heih inbracht.

Nao de Sunndags-Kollekt fund de Pastor in'n Klingelbül eenen in Papier wickelten Keeks. De Spender har up dat Papier schriewen: „Füör de Kiärkenmus!"

So is dat vandage

Wilbers Pappa sagg to sienen 16jöhrigen Suohn: „Franz, hal mi doch äs iäm'm 'ne Pull Beer, ick häw so'nn Duorst."

„Ach Pappa", sagg Franz, „dat kümp mi gar nich ut, ick mot faots gaohen, wi makt 'ne Radtour."

„Ja, dann gaoh du Hubert", sagg de Pappa.

„Ick kann nu nich gaohen", sagg de 14jöhrige Jung, „mien'n Frönd de kümp faots met nie'e Schallplatten."

Dao sagg denn 12jöhrigen Suohn Gustav: „Ach Pappa, iärg di nich met de beiden herüm, du geih's am besen sölwst löss, un dann brängs mi faots 'ne Schachtel Zigaretten met."

„Sessteihn is dat schlimmste Aoller, weil dann alls, wat man douhen will, gliek is met dat, wat man nich draff."

„Lustig liäwt un siälig stuowen, dann häw man denn Düebel de Riäknung vörduowen."

„Junge Mannslüe häbbt kinne Angst vüör de Ehe. De miästen Mannslüe häbbt vüör de Ehe gar nich äs wußt, wat Angst is."

In de Kiärk

Rohlings Hubert de was sunndags met siene Frau Tresken in't Hochamt. Äs se wier herutgongen, dao sagg Tresken:

„Hubert, häss du de Frau dao vüör us in de Bank seihn met dat schöne Kostüm? Un denn schönen Hoot von de Frau, de us so schraot giegenüöwer satt? Ja un dann nao de Frau links niäben di in de Bank met de wunnerschöne Rüsskenblus?"

„Ne, Tresken", sagg Hubert, „weeß du Tresken, ick was so'nn birtken innickt."

Dao keek Tresken iähren Hubert obber scharp an un sagg: „Un daoto, Hubert, geihs du in de Kiärk?"

* *
*

Laukempers Maria de sagg to iähre Naoberske: „Wi makt dütt Jaohr getrennten Urlaub. Mien Mann de baut usse Gaodenhüesken ut, un ick gaoh up ussen Balken un rüm dao äs gründlick up."

* *
*

„Un erlös uss von allem Üewel, Amen!", häw Wiersbaums Anton säggt, äs em de Frau stiften gaohen was.

De Angierwers

De Lüe, de so gäen angierw't, dat sind nich miene Frönde. Se willt gäen in'n Mittelpunkt staohen un straohlen, obber miästens sitt dao nich viell ächter.

Hülsmann Willem de gaw auk gäen an. He spare dat ganze Jaohr, daomet he met siene Alwine eenmaol in't Jaohr in Urlaub föhen konn. Wat sich daomaols siene Bekannten un Naobers nich leisten konnen un auk gar nich leisten wullen, dat mouken Wilm un Alwine.

Se föherten jedes Jaohr met so'nne Reisegesellschaft in't Utland, nao Jugoslawien, Italien, Mallorca, an't Mittelmiär un Guott weet wao süss nao henn.

Un dann schrewen se ganz hiärtlicke Urlaubsgrüß an iähre Naobers un Bekannten in de ferne Heimat. Daomet se kienen vörgatten, schrew Alwine de Adressen al vüör de Reis up.

Nu satt Willem in Jugoslawien an'n Dissk un schrew Ansichtskarten in de Heimat. „Vandag will ick ussen Naober Knüwers Hiärm äs schriewen, de sall sick wull wünnern, dat wi in Jugoslawien sind", sagg Willem.

„Ach Willem", sagg Alwine, „de Knüwers Hiärm de weet wull, dat Jugoslawien buten ligg, wao dat obber ligg, dat weet he doch nich."

Knüwers Hiärm de föhere daogiegen alle Jaohr met siene Berta acht Dage in so'nn Wallfahrtsstädtken. „Dao könn wi us in alle Ruh sammeln un guet erhalen", sagg Berta.

Äs Hiärm de Kart ut Jugoslawien kreeg, dao sagg he to siene Frau: „Du Berta, ick sall ussen Naober Willem äs een'n utwissken, ick sägg di't, dann hölt sien aolle Kartenschriewen up. Ich schick mien Süster Anna, de in't Klauster in Brasilien is, nen schönen Breef an Willem to, de mak ick fix un ferrig, denn bruk se dao bloß in'n Breefkasten to schmieten."

Hiärm sette sick dann henn un schrew an Willem so manches, wat siene Süster, Schwester Gudula, em fröher al äs üöwer Brasilien schriewen har.

Äs Willem denn Breef ut Brasilien kreeg, dao saog he Hiärm alle Dag up'm Hoff herümlaupen. Ick kann ju säggen, dao was Willem sien Kartenschriwen vörbi.

* *
*

Otto, de gaw alltiet gäen an, he sagg to sienen Kollegen: „Endlick kann ick füör miene Frau 'nen passend Auto kriegen."

„Dat is guet", sagg sien Kollege, „so'nn gueten Tusk de wull ick auk wull maken."

Oma up Reisen

Wenners Rosa de was al jaohrelang Witwe. Eenmaol in't Jaohr föhere se dann to iähre drei utwärts vörhierao-ten Döchter, wao se dann ümmer so acht bis vetteihn Dage blew.

Nu was se bi Lene in Appelhülsen un wull wier afföhern. Se har iähre Koffer al packt. Äs se gaohen wull, dao sagg se: „Hoffentlick vörpaß ick mienen Zugg nich."

„Ne, Oma", sagg Fränzken, dao bruks du kinne Angst to hämm'm, usse Pappa de häw de Uhr al üm 'ne Stunn vüörstellt."

Dat Kaffee-Kränzken

Kaffeekränzkes de häw't alltiet giewen, fröher al un vandage giw't de auk. Waorüm auk nich? De Mannslüe trefft sick jä auk to Küerstündkes, so to'n Fröh- of Dämmerschoppen.

So Kaffeekränzkes de häbt faken niämbi auk guete Upgawen. Dao wäed bi't Küern strickt of neiht füör de Leprakranken. Et wäed auk wull Geld sammelt füör de Armen, oder et wäed üöwerleggt, wao met Raot un Hölp Guets makt wärden kann.

Vüör füfftig, sesstig Jaohr dao gaw't in'n klein Düörpken 'nen Kaffeekränzken, dat sick to Upgaw makt har, de enzelnen Familgen in't Kiärspel to düörlöchten. Dat wassen so'nn Stück of fief Frauen ut „gehobenen Kreisen", de man bloß in lange, schwatte Kleeder, met hauge Kriägskes an'n Hals, saog. Se harren allbineen in iähr Liäben Erfahrungen aller Art maken konnt, so dat se sicher wull de Vörhältnisse in anneren Familgen beurdelen konnen. Dat wassen de Frau Wolf genannt Mutter Isegrim, weil se alltiet so'nn sur Gesicht mouk, de beiden Frauen Kaldmann un Böckers äs stille Metdenkerinnen un dann 'ne Beamtenfrau met'n graut Redetalent.

Met vüörbildlicke Hingaw gongen se an de faken nich lichten Probleme heran, un manches konn met iähre Hölp in guete Bahnen lenkt wäeden.

Eenmaol harren düsse fief Weisen sick äs an so'nn Problem heranmakt, dat sick üöwerall in de Wiält stellt. Et gong üm de Instellung von Denstwichter in de Hueshollungen.

Nao längeren Beraotungen kam'm se eenmötig to de Üöwertügung, dat et nao allem, wat ümmer wier passere, nich raotsam was, in Familgen junge, schöngewassene

Denstwichter to beschäftigen, *weil* dat miästens unleiwsame Folgen in de Ehe met sick brach.

„Well glöw, üöwerall sienen Mostert daobigiewen to müeten, de kümp licht in denn Vördacht, sölwst 'n Wüörstken to sien."

Dat Feldhöhnken

Biärges Anna de koff in Mönster up'm Markt so'nn Feldhöhnken. Etwas moß se bie'n Kaup jä doch üöwer dat daude Dierken säggen.

„Nu kiekt se äs an", sagg se, „dat Höhnken häw jä nicks äs lütke Löck in de Fiären."

„Meint se villicht", sagg de Frau ächtern Dissk, „dat Höhnken häw sick dautlacht?"

* *
*

Up 'ne Wahlvörsammlung in't Mönsterland dao reip de Politiker:

„Wenn wi etwas up de Wiält bekämpfen müet't, dann sind dat Extremismus, Faschismus, Kommunismus un.."

Dao reip een ut'n Saal: „Rheumatismus!"

De Parkplatz

Mönster is nich bloß een von de schönsten Städt in Dütskland, et is auk 'ne graute Geschäftsstadt, wao de Lüe ut't Mönsterland guet inkaupen könnt. Dat dot se auk, drum is in Mönster ümmer Hauchbetrieb.

Auk Dassmanns Hubert föhere alle paar Wiärk met siene Liesbeth to't Inkaupen nao Mönster. Obber mitten in de Stadt 'nen Parkplatz to kriegen, dat was allerdings schwaor.

He föhere auk äs wier nao Mönster un soch 'nen Parkplatz. Mährere Maole föhere he üm so'nn Hüserblock, düör annere Straoten un an Parkplätz vörbi, he konn obber kinnen Parkplatz finnen.

„Dat süht di wier maol ähnlick", sagg siene Liesbeth, „alle annern de häbt'n Parkplatz funnen, bloß du nich."

De iärste Buer

De iärste Buer was nich ut Paderborn, ne, de was in't Mönsterland to Huese. Dao häw usse Häerguott denn iärsten Buer in de Wiält sätt't. He mouk em ut so'nn kernigen Eikenknubben.

De leiwe Häer wees denn iärsten Buer faots in sien schöne Revier in un sagg: „So, Buer, alls wat du hier wiet un siet sühs, dat is dien!"

Dao sagg de iärste Buer, et was Quierkenkamps Franz: „Leiwe Häer, wenn dat stimmt, dat al dat Land mien is, dann obber ganz gau herunner von mienen Grund."

(von Karl-Heinrich Ostrop)

De Schwiegermoder

Bi Potthoffs dao klingelt an de Huesdüör. Hännerich geiht faots henn un mäck de Düör löss. Dao steiht siene Schwiegermoder vüör em; et riängt jüst ut alle Fogen.

„Kick an Schwiegermoder", sagg Hännerich, „wat steihs du hier in düssen Riängen, dat häss du jä gar nich neirig, drei di doch üm un laup gau nao Hues."

* *
*

Leifkes Anna reip iähren Mann an un sagg: „Du Hubert, bräng mi doch vanaobend ut't Duorp 'ne Musefall met."

„Waorüm dat dann", frogg Hubert, „ick häw di doch vüörgistern al twee Fallen metbracht?"

„Dat stimmt wull Hubert", sagg Anna, „obber up beide Fallen sitt al 'ne Mus drup."

„Et is'n Unglück, wenn Lüe, de nich reden könnt, nicht schwiegen könnt."

„Nen Buer, de nich guet ackert, un'n Hohn, dat nich noug gackert, de bliewt nich lang up'm Hoff."

Guete Vüörsuorg

De Handelsmann Esser de moß up 'ne Geschäftstuor düör Tirol in'n aolt ländlick Hotel, dat nao ganz ut Holt baut was, üöwernachten.

Äs em de Wäet dat Zimmer in'n twetten Stock wees, dao frogg Esser interesseert: „Wat soll dann dat Seel hier an't Fenster?"

„Daoran könnt Se sick retten, falls äs'nen Brand utbräck", sagg de Wäet.

„Ja, un wat soll de Bibel up'm Nachtdissk?", frogg Esser.

„Ja de is füör den Fall, dat dat Seel, wenn Se wach wäed't, al anbrannt sien soll."

Dat sind de drei grauten Tugenden:
bit't Arbeiten freisen,
bit't Iätten schweeten,
un bit't Biän'n schlaopen!"

Bäind sagg to sienen Naober: „Ich will jä nicks säggen, obber dat weet ick wull Franz, wenn de Regierung met usse Stüern so ümgaohen was, äs usse Frauen met iähr Huesholtsgeld, dann haren wi längs nich so hauge Schulden, äs wi vandage häbbt."

„Boosheit, de is nie eensam. Se häw ümmer denn Neid bi sick."

Dat Wunner

In de iärsten Jaohre nao'n twetten Wiältkrieg dao was bloß wennig Guets to kaupen. Well daomaols kompense-'ern konn, also wat to't tusken har, de was wohl drann.

In düsse Tiet dao holl 'nen Kaplaon in'n lütk Düörpken Rellionsunnerricht bi de Kinner, de boll to Kummion kammen. Daobi küere he auk von de Wunner, de de leiwe Heiland wirkt har.

Un dann frogg he: „Wo hat Jesus denn sein erstes Wunder gewirkt?"

„Auf der Hochzeit zu Kana", sagg Biärghues Fränzken.

„Richtig", sagg de Kaplaon, „aber wie kam er denn dazu, dort ein Wunder zu wirken?"

Dao sagg Buorgmeiers Hubert: „Die Mutter Gottes war auch auf der Hochzeit, sie hat dem lieben Heiland gesagt, daß die Hochzeitsleute keinen Wein mehr hätten. Da hat der liebe Heiland aus Wasser mehrere große Krüge voll Wein gemacht."

Faots melde sich Kötters Albert un sagg: „Herr Kaplan, unser Pappa der kann auch solche Wunder tun. Unser Pappa der macht alle Tage aus Kartoffeln Schnaps."

* *
*

„Ja Franz", sagg Hubert, „diene Frau de küert jä gar nich met di, villicht will se di daomet etwas säggen."

To Ostern

Ostern dat was fröher füör de Kinner so'nn besonneren Dagg. De I-Männkes kamm'm to Ostern in de School, un annere Schöler steegen in 'ne höchere Klass up. Se mossen sick al so'nn birtken ümstellen oder up dat Nie'e instellen. Daomet gongen miästens acht Dage düör't Land.

Lammers Vinzenz de kam auk in de School. He füge sick ganz guet in, he har obber alle Dage so'nn eegenartigen Rüerk an sick. Dat konn nich so bliewen. De Lährin gong deswiägen nao Vinzenz siene Moder un sagg iähr, dat iähr Süöhnken Vinzenz ümmer so'nn besonneren Rüek an sich har.

Dao kam se obber an de fallske Adress.

„Ne, ne, Fräulein", sagg de Moder, „usse Vinzenz is nich anners äs annere Kinner auk. Wu usse Vinzenz rück, dat geiht juh nichts an, se häb't de Kinner to beläern un nich to beruken."

* *
*

Lährin: „Christa, siet eene Wiärk mäcks du jä gar kinne Feihler mähr in de Huesaufgaben".

Dao sagg Christa: „Dat ligg gewiß daoran, dat usse Papi in Kur moß."

Dat Klassendriäpen

In Mönster dao stonn'n aollen Mann an de Straotensiet. He wull gäen üöwer de Straot, doch de Vörkähr de wass em nao to stark.

Dao kam 'ne Frau un küere denn aollen Mann an: „Wenn se üöwer de Straot willt, dann will ick juh wull helpen."

„Leiwe Frau", sagg de Opa, „dann wass ick juh dankbaor, denn up mienen aollen Dagg, ick bin siemachtzig Jaohr, dao is dat vandage nich mähr licht, üöwer de Straot to kuem'm."

De Frau nimmp denn Mann an'n Arm un brängt'n up de annere Straotensiet. Dann frogg se em:

„Wao willt se dann nu henn?"

„Hier gliek links in de Wirtschaft", sagg he, „dao häw wi dingsdags usse Klassendriäpen."

„Wuvull kump't dao dann nao henn?", frogg de Frau.

„Aoch ja", sagg he, „ick bin nao de enzige!"

* *
*

De Frisör in't Surland de sagg to'n unbekannten Kurgast: „To Kur hier?"

„Ne", sagg de Mann, „to't Haorschnieden."

De Bankräubers

De Banküöwerfäll de niehmt üöwerall wahne to. Alle Dage steiht daovon wat in de Zeitung.

Dao kam doch auk up'm Düörpken so'nn Räuber inne lütke Bank. He schauw denn Kasserer 'nen Sieddel to un dann reip he: „Überfall, un up denn Sieddel dao steiht, wat ick häm'm will, un nu män nich so langsam!"

„Dat mot wull'n Irrtum sien", sagg de Kasseerer, „up denn Sieddel dao steiht drupp: fief Pund Kartuffel, sess Eier un vörgiätt bloß nich de Wössk!"

* *
*

Brökers Anna de fohere iähren kleinen Tonius, de gar nich gäen iätten wull.

„So Tonius", sagg se „nu nao een'n Liepel vull füör usse Bennätzken, een'n füör Tante Tresken un dann nao een'n füör Öhm Hännerich."

„Up ussen Lährer kann man sick auk nich vörlaoten", sagg de Jung, äs't em in de Bux gaohen was.

„Dat Liäben is viell to kuort, üm heruttofinnen, waorüm et in't Liäben üöwerhaupt geiht."

De haugen Prozente

In de Buerschopp Scheddebrock dao wassen vüör iätlicke Jaohr mährere Tröppkes Straofgefangene met eenfake Landarbeiten an't wirken.

Ee'n von de Gefangenen de fong gar nich an to arbeiten. Dao frogg em de Wachmann: „Sagen Sie mal, warum arbeiten Sie nicht?"

„Wiso", sagg de Mann, „Se arbeit't jä auk nich."

„Ick bin obber nich wiägen de Arbeit hier", sagg de Wachmann.

„Ick jä auk nich", kreeg he to Antwort, „ick bin jä wiägen miene haugen Alkohol-Prozente hier."

* *
*

Tutmanns Hiärm de wull in Mönster an'n Bahnhoff up't Hüesken. Alle Hüeskes sind jüst besett't. Up dat eene Hüesken dao sung een: „Es geht alles vorüber, es geht alles vorbei." „Dann sett di doch richtig drupp, du Schwein!" sagg Hiärm.

„Et giw Länder in Afrika, dao läert de Mann siene Frau iärst nao de Hochtiet kennen."
„Wuso bloß in Afrika?"

De Entscheidung

De Bankdirektor Schönfeld sagg ganz upgeregt to siene Privatsekretärin: „Sie haben sich also gestern mit meinem Sohn verlobt. Ich hätte es für richtiger gehalten, wenn sie zuerst mit mir gesprochen hätten.“

„Ich habe auch lange geschwankt“, meint die junge Dame mit betörendem Augenaufschlag, „doch dann habe ich mich für ihren Herrn Sohn als den Jüngeren entschieden.“

* *
*

„Du soss nich ümmer so wild de Trepp heruprennen“, sagg de Moder upgeregt to iähre 16jöhrige Dochter, „'ne junge Dame de geiht ganz vörnünftig un so leise, dat man se nicht höert.“

„Ach Mamma“, mennt dao dat junge Wichtken, „in't Leisegaohen dao häw ick iäm'm nao nich so viell Übung äs usse Pappa, wenn he laat in de Nacht nao Hues kümp.“

„Wies dienen Mann niemaols, wat du al kanns, süss moss du alls maken.“

„Jungs siet't still, de Pappa de mot sien'n Namen schriewen.“

De graute Prossjon

('ne waohre Geschicht)

Fröher dao trocken up Fronlichnam graute Prossjonen düör't Kiärspel. Miästens was't dann abscheilick heet. De Wiäg, dat wassen oft Sandwiäg met Löcker un Wagenspüörs drin. Et stauw faken gehörig. Alls, wat dann metgong, kam in Schweet.

De Blaosmussick deih daobi iähr best. Meinetz Franz siene Trompet de klinge üöwer alls hennwegg un Jörgens Bäind de mouk met sien Baßhöen denn deipen Naoschlagg. Wenn bi de Hitz af un to äs'n schraoden Ton ut't Höen kam, dann was dat wull to vörstaohen.

De öllste Lährin, Freilein Stiepel, de deih in iähr lange, schwatte Kleed met denn haugen, stiewen Kragen denn Rausenkranz vüörbiän'n. Se mouk dat ganz lut un dütlick, daomet't auk al vörstaohen konnen un metmouken. Grülick moß dat Mensk daobi schweeten un iähr Kopp was bi de Hitz knallraut.

Eenmaol up Fronlichnam dao gaw't muorns fröh 'nen schwaor Gewitter met unnürsel viell Water. Up'm Prossjonswegg dao stonnen üöwerall graute Waterpöel. De Lüe mossen üm de Waterpoel herümgaohen of drüöwerspringen. Dat ganze Wiärk kam daobi mächtig in Unruh.

De veer Häerns in'n Frack un Sillinner, de denn Baldachin draugen, un de Häer Pastor in sien schwaore Gewand met't Hochwürdigste in de Hand, de mossen ganz schön uppassen, dat se gliekmäßig üm de Waterlökker herümkammen, denn tohaup springen, dat konnen se jä nich.

Äs se up'm Trüggwegg ut de Kastanienallei herutwullen, dao wassen up'm Wegg lutte graute Waterlöck, wao se met iähren Baldachin nich düörkonnen. Dao mossen se sick tüssken so'nn dicken Kastanienbaum un Krassmanns Tun düörquetten. Dat was nich licht un deswiägen sagg de deftige un guete Pastor, de dat Hochwürdigste draug, ganz vöriärgert un dütlick „Scheiße".

Alwis schreie mächtig

Schrotthues Alwis ut Rinkerogg de föhere met'n Zugg nao Mönster. Äs he wier trügge wull, un in Mönster in'n Zugg steeg, dao kam he met sienen Dumm'm tüssken de Wagendüör. Alwis schreie mächtig up, weil dat Quetten jä abscheilick weh döt.

Dao frogg em de Schaffner: „Döt't weh?"

„Jau, jau, jau, ganz abscheilick", sagg Alwis in siene Pien.

„Ganz recht so", sagg de Schaffner, „wenn't guet deih, dann stoppe jä jeder siene Finger tüssken de Wagendüör."

* *
*

De Dokter sagg to Buer Laubmann: „Ick häw juh lesste Wiärk ut Vörseihn 'n Afföhrmittel giegen Housten vörschriewen."

Dao sagg de Buer: „Häer Dokter, dat häw mi obber guet holpen, denn sietdem tru ick mi nämlick nich, to housten."

„Daovon, dat Adam in denn Appel beet, dot us vandage nao de Tiähne weh."

Dat Stiäben

De aolle Kraomers Buer de is al so lang schwaor krank, he kann so gar nich an't stiäwen kuem'men. Dat ganze Duorp wocht al up sienen Daut, halw metledig, halw niesgierig, büs et sowiet is.

Friedags dao wett vörtellt, dat he de naichste Nacht wull nich mähr üöwerstaohen konn. Saoderdags fröh, äs de aolle Kraomerske düör't Duorp gong, un bi denn Duorpwäet vörbikamm, dao frogg he:

„Frau Kraomer, häw he't nu üöwerstaohen?"

„Nee", sagg se, „de twee aollen Quatsk-Wiewer, de gistern Aobend bi em wassen, de häbbt'n wier reinewegg ut't Stiäben herutbracht."

„Et is jä sicher guet, wenn sick de Mann äs Häer in Hues föhlt un de Foutgänger glöw, he har up'm Zebrastriepen Vüörrang. Bloß de Prow up't Exempel de sollen beide biätter nich maken."

„De Mist is kien Sanktus, obber sien'n Siängen de langt us!"

„Et giw Witte, Schwatte un Mönsterländer."

Hawk un Teckel

Schult Driemeier un de Apotheker Pillendreiher wassen up Jagd. Se hann'n so'nn lütk Teckelrüerken metnuomen.

Äs dat Dierken an't Driewen was, dao kam up eenmaol so'nn grauten Hawk heranfleigen. He schnappe sick dat lütke Rüerken un flaug daomet af.

De Apotheker namm faots siene Flinnt, schott up denn Hawk un troff'n auk. De Hawk foll herunner, dat lütke Rüerken flogg obber wieder.

Dao frogg de Schult denn Apotheker: „Ja wat is dann nu met dienen Rüer?"

„Na ja", sagg de Apotheker, „de häw sicher denn Schuß gar nich höert."

* *
*

Linus was arbeitslöss. He soch Arbeit, gong in eenen Betrieb, wao he denn Chef kanne. He sagg: „Jck moch denn Chef spriäken."

„De Chef de is nich dao", kreeg he to Antwort.

„Ick häw'n doch jüst düört Fenster nao seihn", sagg Linus.

„He juh auk", kreeg he to Antwort.

De Buer in de Stadt

Buer Wallmann har in Mönster an mähreren Stellen to doun. Dann besoch he nao Bekannte un jüst dao har he nich daoran dacht, dat et höchste Tiet was, nao'n Bahnhoff to gaohen.

Äs he dann so gau äs't gong nao'n Bahnsteig leip, dao wass de lesste Zugg jüst afföhert. Vördammt nao maol, dacht he, de har auk wull 'nen paar Minuten wochten konnt.

Nu moß he in Mönster üöwernachten. Schlecht gelunt gong he in'n Hotel giegenüöwer von'n Bahnhoff. Dao frogg he denn Portje: „Wu is dat, kann man hier wull'n Bärr kriegen?"

„Sicher, mein Herr, das können Sie wohl", sagg de Portje, „das kostet hier 120,- DM."

„Ne, ne", winke de Buer af, „ick will jä kien Bärr kaupen, ick will jä bloß eene Nacht drin schlaopen."

* *
*

Tünings Hedwig de sagg to iähren Mann: „Hubert, ick möch äs gäen wietten, wao usse Willem al siene schlechten Egenschaften hiär häw, von mi sicher nich."

„Dat stimmt", sagg Hubert, „dat kann ja auk gar nich sien, denn du häss diene jä al nao."

Buernschlau

Brokämpers Hubert de föhere met sien Auto nao't Naoberduorp. Jüst up de annere Siet von 'ne scharpe Kurwe dao springt em'n Fiärken vüörn Wagen. Äs he sien Auto an de Siet föhern wull, dao springt nao een Fiärken jüst an't Vüörderrad vörbi. Hubert holl in un dreew de Fiärken von de Straot. Daobi saog he, dat de Dierkes düörn Lock in de Hierg kreipen. Äs he nao daobi was, de Fiärken trüggtodriewen, dao kam de Buer heran.

„Leiwe Mann, könn ih nich dat Lock in de Hierg tomaken?", frogg Hubert.

„Ich gleiw nich, dat sick dat lauhnt", sagg de Buer, „de Fiärken sind doch eenes Dags so graut, dat se nich mähr düör dat Lock krupen könnt."

Eenige Dage laater föhere Hubert denn glieken Wegg, düttmaol obber een Fiärken daut. Dao kam de Buer wütend heranlaupen un sagg, dat dat'n düer Tuchtfiärken was, un dat he daofüör 100 Mark Entschädigung häm'm moß. Hubert de wull sick met denn Buer nich herumtäggen, he gaw em de 100 Mark un föhere wieder.

So'nn Stücksken was he föhert, dao steeg he ut un gong äs trügge üm to kieken, of de Buer dat Lock in de Hierg tomouk. Äs he naiger kam, dao saog he, dat de Buer daobi was, dat Lock nao'n birtken grötter to maken.

(von Jlse Wendelborn/Schulte, Randburg, Süd-Afrika)

„Wenn't Water sackt, dann knappt Ies!"

Miene leiwe Beßmoder,

Elisabeth Eilers geb. Hinkers,
geb. 1. 12. 1840 – gest. 2. 11. 1916

sagg up'm aollen Dagg, äs se iähren 75. Geburtsdagg fie'ere:

„Mein Guott, wat geiht doch
so'nn Menskenliäben gau daohenn;
ja, un wat ist dann?"

Bernard Walbaum

INHALT

Leiwe Liäser 5
De aolle Dagg 6
Plattdütsk 8
De plattdütske Paoter 9
De billigen Fiärken 11
De nie'e Fernsehapperat 12
De leiwe Ehe 13
De Schönheits-Operation 14
Dat Piärd bucke 15
In'n Hiemmel 15
Dat Schneeschüppen 16
De Priäg 17
Dat leiwe Rüerken 18
Dat Huesholtsbook 20
Dat lütke Fränzken 21
De nie'e Krawatt 22
De Wallfahrt 23
De twee Dokters 24
De Scheidung 25
Dat Vörtell-Stündken 26
De Zeitungsannonce 27
Truta in Teligt 27
De Diätkost 28
De laate Hochtiet 30
De aolle Daugenicks 31
De Butten 32
De Appelklauer 33
Een waohr Vörtellken 35
Janns up'm aollen Dagg 36
De Twillinge 37
De Schliägerie 38
De dicke Kropp 39
Tönnemanns Janns 40

Fröher un vandage 41
An'n Rhien 42
An'n Stammdissk 44
Hiärm foll von'n Stohl 45
De gelungenen Operationen 46
Willm bin'n Rechtsanwalt 47
De Liberalen 48
De Utsöhnung 49
De Spinnkopp 50
De Spazeergang 51
De Aktien 52
De kranke Buer 53
Dat Haorschnieden 54
Schallusie'n vüör de Fensters 56
Freindlick empfangen 57
De Scheidungsgrund 58
Dat gröttste Ürwel 59
De kranke Niere 60
Up't Standesamt 61
De nie'e Direkter 62
Dat Wiärkenend 64
Still in de Leitung 65
Dat Wiehnachtsleedken 67
Häw ick 'nen Krüs 68
Dat Telegramm 69
Anna un dat Finanzamt 70
De beste Fröndin 71
In'n Frisörladen 72
Dat Telefon 73
De Sietensprüng 74
De kranke Anton 76
Energie spaoren 77
Viell Buern in'n Hiemmel 78
De Huesfrönd 79
Dat leckere Kotlett 80
Butkamps Surg 81

Janns, de graute Knecht 82
Wu geiht't wull wieder? 83
De Fahrradkontroll 84
Christin un de Dokter 85
Mien leiwe Mönsterland 86
Dat Darmlieden 87
De Vuellmaond 88
So kann't gaohen 90
Ih vördammten Kärls 92
De eegenen Siergen 93
Dat ewige Licht 95
Usse Afstammung 95
De Wiehnachtsgeschenke 96
Spaß bi de Beerdigung 97
Nao denn Sängerball 98
Kleederfraogen 99
De Koppien 100
Füör't Siälenheil. 101
Denn richtigen Mann 102
Urlaub in't Surland 104
Änne's schwacke Sieten 105
Wu geiht't, August? 106
De Unnerscheid 107
De drüge Schinken 108
Nu män langsam 109
De üöwerladene Frau 110
De Buern-Vörsiten 112
Duorst is schlimm 113
De Schoolinspekter 114
Janns und Franz 115
Twee Müerglickketten 116
De Schwiegermöder. 117
De Pantuffelheld 118
De lüttke Spazeergang 119
De möde Moder 120
De Häerguott 120

Dat Dankschriewen 121
De Tiet vörgeiht 122
De Seemann 123
De Wanz 124
De häerlicke Utsicht 126
De Prozeß 127
Dat Gedächtnis in't Aoller 128
Up de Bahnreise 129
Recht up Metgeföhl 130
So is dat vandage 131
In de Kiärk 132
De Angierwers 133
Oma up Reisen 134
Dat Kaffee-Kränzken 135
Dat Feldhöhnken 136
De Parkplatz 137
De iärste Buer 137
De Schwiegermoder 138
Guete Vüörsuorg 140
Dat Wunner 141
To Ostern 142
Dat Klassendriäpen 143
De Bankräubers 144
De haugen Prozente 145
De Entscheidung 146
De graute Prossjon 147
Alwis schreie mächtig 148
Dat Stiäben 149
Hawk un Teckel 150
De Buer in de Stadt 152
Buernschlau 153